NACHSYNODALES
APOSTOLISCHES SCHREIBEN

SACRAMENTUM CARITATIS

SEINER HEILIGKEIT

PAPST BENEDIKT XVI.

AN DIE BISCHÖFE
DEN KLERUS, DIE PERSONEN
GOTTGEWEIHTEN LEBENS
UND AN DIE CHRISTGLÄUBIGEN LAIEN

ÜBER DIE EUCHARISTIE
QUELLE UND HÖHEPUNKT VON LEBEN
UND SENDUNG DER KIRCHE

LIBRERIA EDITRICE VATICANA

Auf dem Umschlag:

Kelch mit Hostie (Ausschnitt)
Petersdom, Kuppel der Sakramentskapelle
Mit freundlicher Genehmigung des «Fabbrica di san Pietro»
Vatikanstadt

© Copyright 2007 – Libreria Editrice Vaticana – 00120 Città del Vaticano
   Tel. 06.698.85003 – Fax 06.698.84716

ISBN 978-88-209-7912-6

www.libreriaeditricevaticana.com

EINFÜHRUNG

1. Sakrament der Liebe:[1] Die Heilige Eucharistie ist das Geschenk der Selbsthingabe Jesu Christi, mit dem er uns die unendliche Liebe Gottes zu jedem Menschen offenbart. In diesem wunderbaren Sakrament zeigt sich die „größte" Liebe, die dazu drängt, „das eigene Leben für die Freunde hinzugeben" (vgl. *Joh* 15,13). Ja, Jesus liebte die Seinen „bis zur Vollendung" (*Joh* 13,1). Mit dieser Formulierung führt der Evangelist auf die Geste unendlicher Demut hin, die Jesus vollbracht hat: Bevor er am Kreuz für uns starb, wusch er, umgürtet mit einem Leintuch, seinen Jüngern die Füße. In gleicher Weise liebt Jesus uns im eucharistischen Sakrament immer noch „bis zur Vollendung", bis zur Hingabe seines Leibes und seines Blutes. Welch ein Staunen muß die Herzen der Apostel ergriffen haben angesichts der Gesten und Worte des Herrn während jenes Abendmahles! Welch eine Verwunderung muß das eucharistische Geheimnis auch in unserem Herzen auslösen!

---

[1] Vgl. THOMAS VON AQUIN, *Summa Theologiae* III, q. 73, a. 3.

Die Speise der Wahrheit

2. Im Altarssakrament kommt der Herr dem als Abbild Gottes (vgl. *Gen* 1,27) geschaffenen Menschen entgegen und wird sein Weggefährte. In diesem Sakrament macht sich der Herr nämlich zur Speise für den Menschen, der nach Wahrheit und Freiheit hungert. Da allein die Wahrheit uns wirklich frei machen kann (vgl. *Joh* 8,36), macht sich Christus für uns zur Speise der Wahrheit. In scharfsinniger Kenntnis der menschlichen Wirklichkeit hat der hl. Augustinus verdeutlicht, wie der Mensch sich freiwillig, und nicht unter Zwang, regt, wenn er auf etwas bezogen ist, das ihn anzieht und in ihm ein Verlangen erweckt. Als der heilige Bischof sich dann fragt, was den Menschen wohl letztlich im Innersten bewegen könne, ruft er aus: „Wonach verlangt die Seele denn brennender als nach der Wahrheit?"[2] Tatsächlich trägt jeder Mensch das unstillbare Verlangen nach der letzten und endgültigen Wahrheit in sich. Darum wendet sich Jesus, der Herr, „der Weg, die Wahrheit und das Leben" (*Joh* 14,6) dem schmachtenden Herzen des Menschen zu, der sich als dürstender Pilger fühlt, dem Herzen, das sich nach der Quelle des Lebens sehnt, dem Herzen, das um die Wahrheit

---

[2] AUGUSTINUS, *In Iohannis Evangelium Tractatus*, 26.5: *PL* 35, 1609.

ringt. Jesus Christus ist ja die Person gewordene Wahrheit, die die Welt an sich zieht. „Jesus ist der Polarstern der menschlichen Freiheit; ohne ihn verliert sie ihre Ausrichtung, denn ohne die Erkenntnis der Wahrheit entartet die Freiheit, sie isoliert sich und wird zu steriler Willkür. Mit Jesus findet sich die Wahrheit wieder".[3] Im Sakrament der Eucharistie zeigt Jesus uns im besonderen die *Wahrheit der Liebe*, die das Wesen Gottes selbst ist. Diese im Evangelium begründete Wahrheit geht jeden Menschen und den ganzen Menschen an. Die Kirche, die in der Eucharistie ihre lebensnotwendige Mitte findet, bemüht sich darum unablässig, allen zu verkündigen, daß Gott Liebe ist, *ob man es hören will oder nicht* (vgl. *2 Tim* 4,2).[4] Gerade weil Christus für uns zur Speise der Wahrheit geworden ist, wendet sich die Kirche an den Menschen und lädt ihn ein, das Geschenk Gottes frei anzunehmen.

---

[3] BENEDIKT XVI., *Ansprache an die Teilnehmer der Vollversammlung der Kongregation für die Glaubenslehre* (10. Februar 2006): AAS 98 (2006), 255.
[4] Vgl. BENEDIKT XVI., *Ansprache an die Teilnehmer der dritten Versammlung des XI. Ordentlichen Rates des Generalsekretariats der Bischofssynode* (1. Juni 2006): *L'Osservatore Romano (dt.)* 36. Jg. Nr. 26, S. 9.

Die Entwicklung des eucharistischen Ritus

3. Wenn wir auf die zweitausendjährige Geschichte der Kirche Gottes blicken, die durch das weise Handeln des Heiligen Geistes geleitet wurde, bewundern wir voller Dankbarkeit die über die Zeit hin geordnete Entwicklung der rituellen Formen, in denen wir des Ereignisses unseres Heiles gedenken. Von den vielfältigen Formen der ersten Jahrhunderte, die noch in den Riten der Alten Ostkirchen aufleuchten, bis zur Verbreitung des römischen Ritus; von den klaren Anweisungen des Konzils von Trient und des Missale des hl. Pius' V. bis zur vom Zweiten Vatikanischen Konzil angeregten Liturgiereform: In jeder Epoche der Kirchengeschichte erstrahlt die Eucharistiefeier als Quelle und Höhepunkt ihres Lebens und ihrer Sendung im liturgischen Ritus in all ihrem vielfältigen Reichtum. Die Elfte Ordentliche Vollversammlung der Bischofssynode, die vom 2. bis zum 23. Oktober 2005 im Vatikan stattfand, hat angesichts dieser Geschichte ihren tiefen Dank Gott gegenüber zum Ausdruck gebracht und bekannt, daß in ihr die Führung des Heiligen Geistes wirksam war. Im besonderen haben die Synodenväter den segensreichen Einfluß festgestellt und bestätigt, den die seit dem Zweiten Vatikanischen Konzil verwirklichte Liturgiereform auf das Leben der Kirche ausgeübt hat.⁵ Die Bischofssynode hatte die Möglichkeit, ihre Rezeption nach der Konzilsversammlung zu beurteilen. Es gab außerordentlich viele Würdigungen. Wie bekräftigt wurde, können die Schwierigkeiten und auch einige erwähnte Mißbräuche den Wert und die Wirksamkeit der Liturgiereform, die noch bisher nicht völlig erkundete Schätze in sich birgt, nicht verdunkeln. Konkret geht es darum, die vom Konzil beabsichtigten Änderungen innerhalb der Einheit zu verstehen, die die geschichtliche Entwicklung des Ritus selbst kennzeichnet, ohne unnatürliche Brüche einzuführen.⁶

Die Bischofssynode und das Jahr der Eucharistie

4. Im übrigen ist es notwendig, die Beziehung zwischen der jüngsten Bischofssynode über die Eucharistie und dem, was in den letzten Jahren im Leben der Kirche geschehen ist, hervorzuheben. Zunächst müssen wir uns im Geiste in das Große Jubiläum des Jahres 2000 zurückversetzen, mit dem

⁵ Vgl. *Propositio* 2.
⁶ Ich verweise hier auf die Notwendigkeit einer Hermeneutik der Kontinuität auch in Bezug auf die rechte Deutung der liturgischen Entwicklung nach dem Zweiten Vatikanischen Konzil: Vgl. BENEDIKT XVI., *Ansprache an die Römische Kurie* (22. Dezember 2005): *AAS* 98 (2006), 44-45.

mein lieber Vorgänger, der Diener Gottes Johannes Paul II., die Kirche in das dritte christliche Jahrtausend geführt hat. Das Jubiläumsjahr war zweifellos stark eucharistisch geprägt. Zudem darf man nicht vergessen, daß der Bischofssynode das von Johannes Paul II. in großem Weitblick für die gesamte Kirche gewollte Jahr der Eucharistie vorausging und sie in gewisser Weise auch vorbereitet hat. Dieser Zeitraum, der mit dem Internationalen Eucharistischen Kongreß in Guadalajara im Oktober 2004 begonnen hatte, fand seinen Abschluß am Ende der 11. Synodalversammlung mit der Heiligsprechung von fünf Seligen, die sich durch ihre eucharistische Frömmigkeit besonders ausgezeichnet hatten: des Bischofs Józef Bilczewski, der Priester Gaetano Catanoso, Zygmunt Gorazdowski und Alberto Hurtado Cruchaga und des Kapuziners Felice da Nicosia. Aufgrund der von Johannes Paul II. in dem Apostolischen Schreiben *Mane nobiscum Domine*[7] dargelegten Lehren und dank der wertvollen Vorschläge der Kongregation für den Gottesdienst und die Sakramentenordnung[8] haben die Diözesen und verschiedene kirchliche Organi-

---

[7] Vgl. *AAS* 97 (2005), 337-352.
[8] Vgl. *Das Jahr der Eucharistie – Empfehlungen und Vorschläge* (15 Oktober 2004): *L'Osservatore Romano (dt.)* 34. Jg. Nr. 47, S. 9-12 und Nr. 48, S. 9-12.

sationen zahlreiche Initiativen ergriffen, um bei den Gläubigen den eucharistischen Glauben wiederzuerwecken und zu erweitern, um die Sorgfalt bei den Zelebrationen zu erhöhen und die eucharistische Anbetung zu fördern, um zu einer tätigen Solidarität zu ermutigen, die von der Eucharistie ausgehend die Bedürftigen erreicht. Schließlich muß noch die letzte Enzyklika *Ecclesia de Eucharistia*[9] meines Verehrten Vorgängers erwähnt werden, mit der er uns einen sicheren lehramtlichen Anhaltspunkt über die eucharistische Lehre hinterlassen hat und ein letztes Zeugnis dafür, welch zentrale Rolle dieses göttliche Sakrament in seinem Leben spielte.

Der Zweck des vorliegenden Schreibens

5. Dieses nachsynodale Schreiben verfolgt den Zweck, den mannigfaltigen Reichtum der Reflexionen und Vorschläge aufzugreifen, die in der letzten Ordentlichen Generalversammlung der Bischofssynode aufgekommen sind — von den *Lineamenta* über das *Instrumentum laboris*, die *Relationes*

---

[9] Vgl. *AAS* 95 (2003), 433-475. Außerdem sei an die Instruktion der KONGREGATION FÜR DEN GOTTESDIENST UND DIE SAKRAMENTENORDNUNG, *Redemptionis Sacramentum* (25. März 2004) erinnert, die auf ausdrücklichen Wunsch von Johannes Paul II. entstanden ist: *AAS* 96 (2004), 549-601.

ante et post disceptationem, die Beiträge der Synodenväter, der *Auditores* und der Delegierten der Schwesterkirchen bis zu den *Propositiones* —, in der Absicht, einige grundlegende Orientierungslinien zu formulieren, die darauf ausgerichtet sind, in der Kirche neuen eucharistischen Impuls und Eifer zu erwecken. Im Bewußtsein des umfassenden doktrinellen und disziplinären Erbes, das sich im Laufe der Jahrhunderte in bezug auf dieses Sakrament angesammelt hat,[10] möchte ich im vorliegenden Dokument den Wunsch der Synodenväter[11] aufgreifen und vor allem das christliche Volk zu einer gedanklichen Vertiefung der Verbindung zwischen *eucharistischem Geheimnis*, *liturgischer Handlung* und dem aus der Eucharistie entspringenden *neuen geistlichen Dienst* als dem *Sakrament der Nächstenliebe* aufrufen. Unter diesem Gesichtspunkt möchte ich

---

[10] Um nur die wichtigsten Schriften zu nennen: ÖKUM. KONZ. VON TRIENT, *Doctrina et canones de ss. Missae sacrificio*, *DS* 1738-1759; LEO XIII., Enzyklika *Mirae caritatis* (28. Mai 1902): *ASS* (1903), 115-136; PIUS XII., Enzyklika *Mediator Dei* (20. November 1947): *AAS* 39 (1947), 521-595; PAUL VI., Enzyklika *Mysterium fidei* (3. September 1965): *AAS* 57 (1965), 753-774; JOHANNES PAUL II., Enzyklika *Ecclesia de Eucharistia* (17. April 2003): *AAS* 95 (2003), 433-475; KONGREGATION FÜR DEN GOTTESDIENST UND DIE SAKRAMENTENORDNUNG, Instr. *Eucharisticum mysterium* (25. Mai 1967): *AAS* 59 (1967), 539-573; Instr. *Liturgiam authenticam* (28. März 2001): *AAS* 93 (2001), 685-726.

[11] Vgl. *Propositio* 1.

das vorliegende Schreiben mit meiner ersten Enzyklika *Deus caritas est* in Zusammenhang bringen, in der ich wiederholt über das Sakrament der Eucharistie gesprochen habe, um seine Beziehung zur christlichen Gottes- und Nächstenliebe zu verdeutlichen: „Der fleischgewordene Gott zieht uns alle an sich. Von da versteht es sich, daß *Agape* nun auch eine Bezeichnung der Eucharistie wird: In ihr kommt die *Agape* Gottes leibhaft zu uns, um in uns und durch uns weiterzuwirken".[12]

---

[12] Nr. 14: *AAS* 98 (2006), 229.

ERSTER TEIL

EUCHARISTIE, EIN GEHEIMNIS, AN DAS MAN GLAUBT

»Das ist das Werk Gottes, daß ihr an den glaubt, den er gesandt hat« (*Joh* 6,29)

Der eucharistische Glaube der Kirche

6. „*Geheimnis des Glaubens!*" — Mit diesem Ausruf unmittelbar nach den Konsekrationsworten verkündet der Priester das gefeierte Mysterium und drückt sein Staunen angesichts der Wesensverwandlung von Brot und Wein in den Leib und das Blut Christi aus — einer Wirklichkeit, die alles menschliche Verstehen übersteigt. In der Tat, die Eucharistie ist das „Geheimnis des Glaubens" schlechthin: Sie ist „der Inbegriff und die Summe unseres Glaubens".[13] Der Glaube der Kirche ist im wesentlichen ein eucharistischer Glaube und erhält seine Nahrung in besonderer Weise beim Mahl der Eucharistie. Glaube und Sakramente sind zwei sich

---

[13] *Katechismus der Katholischen Kirche*, 1327.

gegenseitig ergänzende Aspekte des kirchlichen Lebens. Durch die Verkündigung des Wortes Gottes erweckt, nährt sich der Glaube und wächst in der gnadenreichen Begegnung mit dem auferstandenen Herrn, die sich in den Sakramenten verwirklicht: „Der Glaube drückt sich im Ritus aus, und der Ritus stärkt und festigt den Glauben".[14] Darum steht das Altarssakrament immer im Mittelpunkt des kirchlichen Lebens; „dank der Eucharistie wird die Kirche immer wieder neu geboren!"[15] Je lebendiger der eucharistische Glaube im Gottesvolk ist, um so tiefer ist dessen Teilnahme am kirchlichen Leben durch eine überzeugte Unterstützung der Sendung, die Christus seinen Jüngern aufgetragen hat. Das bezeugt die Geschichte der Kirche selbst. Jede große Reform ist in irgendeiner Weise verbunden mit der Wiederentdeckung des Glaubens an die eucharistische Gegenwart des Herrn inmitten seines Volkes.

---

[14] *Propositio* 16.
[15] BENEDIKT XVI., Homilie anläßlich der feierlichen Inbesitznahme der Kathedra des Bischofs von Rom (7. Mai 2005): *AAS* 97 (2005), 752.

Die Heiligste Dreifaltigkeit und die Eucharistie

Das Brot vom Himmel

7. Der Hauptinhalt des eucharistischen Glaubens ist das Mysterium Gottes selbst, der trinitarische Liebe ist. In dem Gespräch Jesu mit Nikodemus finden wir diesbezüglich eine erhellende Aussage: „Gott hat die Welt so sehr geliebt, daß er seinen einzigen Sohn hingab, damit jeder, der an ihn glaubt, nicht zugrunde geht, sondern das ewige Leben hat. Denn Gott hat seinen Sohn nicht in die Welt gesandt, damit er die Welt richtet, sondern damit die Welt durch ihn gerettet wird" (*Joh* 3,16-17). Diese Worte zeigen die tiefste Wurzel der Gabe Gottes. Jesus schenkt in der Eucharistie nicht „etwas", sondern sich selbst; er bringt seinen Leib als Opfer dar und vergießt sein Blut. Auf diese Weise verschenkt er sich in der Ganzheit seiner Existenz und offenbart die ursprüngliche Quelle dieser Liebe. Er ist der ewige Sohn, der vom Vater für uns hingegeben wurde. Im Evangelium hören wir dazu noch einmal die Worte Jesu. Nach der Speisung der Menschenmenge durch die Vermehrung der Brote und der Fische sagt er zu seinen Gesprächspartnern, die ihm bis in die Synagoge von Kafarnaum gefolgt sind: „Mein Vater gibt euch das wahre Brot vom Himmel. Denn das Brot, das Gott gibt, kommt vom Himmel herab und gibt der Welt das Leben" (*Joh* 6,32-33). Und er geht so weit, sich selbst, sein Fleisch und sein Blut, mit diesem Brot zu identifizieren: „Ich bin das lebendige Brot, das vom Himmel herabgekommen ist. Wer von diesem Brot ißt, wird in Ewigkeit leben. Das Brot, das ich geben werde, ist mein Fleisch für das Leben der Welt" (*Joh* 6,51). Auf diese Weise offenbart sich Jesus als das Brot des Lebens, das der ewige Vater den Menschen schenkt.

Ungeschuldete Gabe der Heiligsten Dreifaltigkeit

8. In der Eucharistie offenbart sich der Plan der Liebe, der die gesamte Heilsgeschichte bestimmt (vgl. *Eph* 1,10; 3,8-11). In ihr gibt der *Deus Trinitas*, der in sich selbst die Liebe ist (vgl. *1 Joh* 4,7-8), sich gänzlich in unsere menschliche Befindlichkeit hinein. Im Brot und im Wein, unter deren Gestalten Christus sich uns im österlichen Mahl schenkt (vgl. *Lk* 22,14-20; *1 Kor* 11, 23-26), kommt in Form des Sakraments das ganze göttliche Leben zu uns und teilt sich uns mit. Gott ist das vollkommene Mit- und Ineinander gegenseitiger Liebe zwischen dem Vater, dem Sohn und dem Heiligen Geist. Schon in der Schöpfung empfängt der Mensch die Berufung, in einem gewissen Maß am

Lebensatem Gottes teilzuhaben (vgl. *Gen* 2,7). Doch im gestorbenen und auferstandenen Christus und in der Aussendung des Heiligen Geistes, der unbegrenzt gegeben wird (vgl. *Joh* 3,34), werden wir der innersten Tiefen Gottes anteilig.[16] Jesus Christus, „der sich selbst kraft ewigen Geistes Gott als makelloses Opfer dargebracht hat" (*Hebr* 9,14), teilt uns in der eucharistischen Gabe also das eigene göttliche Leben mit. Es handelt sich um eine absolut vorleistungsfreie Gabe, die allein den Verheißungen Gottes nachkommt und diese über alle Maßen erfüllt. In treuem Gehorsam nimmt die Kirche diese Gabe an, feiert sie und betet sie an. Das „Geheimnis des Glaubens" ist ein Geheimnis der trinitarischen Liebe, an der teilzuhaben wir aus Gnade berufen sind. Auch wir müssen daher mit Augustinus rufen: „Wenn du die Liebe siehst, siehst du die Trinität".[17]

Eucharistie:
Jesus, das wahre Opferlamm

Der neue und ewige Bund im Blut des Lammes

9. Die Sendung, derentwegen Jesus zu uns gekommen ist, erreicht ihre Erfüllung im Pascha-My-

---

[16] Vgl. *Propositio* 4.
[17] *De Trinitate*, VIII, 8, 12: *CCL* 50, 287.

sterium. Bevor er „seinen Geist aufgibt", sagt er von der Höhe des Kreuzes aus, von der er alle an sich zieht (vgl. *Joh* 12,32): „Es ist vollbracht!" (*Joh* 19,30). In dem Geheimnis seines Gehorsams bis zum Tod, bis zum Tod am Kreuz (vgl. *Phil* 2,8) wurde der neue und ewige Bund verwirklicht. In seinem gekreuzigten Leib haben sich die Freiheit Gottes und die Freiheit des Menschen in einem unauflöslichen, immerwährenden Bündnis endgültig zusammengefunden. Auch die Sünde des Menschen ist durch den Sohn Gottes ein für allemal gesühnt worden (vgl. *Hebr* 7,27; *1 Joh* 2,2; 4,10;). „In seinem Tod am Kreuz vollzieht sich" — wie ich an anderer Stelle bereits betonte — „jene Wende Gottes gegen sich selbst, in der er sich verschenkt, um den Menschen wieder aufzuheben und zu retten — Liebe in ihrer radikalsten Form".[18] Im Pascha-Mysterium ist unsere Befreiung vom Bösen und vom Tod tatsächlich Wirklichkeit geworden. Bei der Einsetzung des Altarssakramentes hatte Jesus selbst vom „neuen und ewigen Bund" gesprochen, der in dem von ihm vergossenen Blut geschlossen wurde (vgl. *Mt* 26,28; *Mk* 14,24; *Lk* 22,20). Dieses letzte Ziel seiner Sendung war bereits zu Beginn seines öffentlichen Lebens sehr

---

[18] Enzyklika *Deus caritas est* (25. Dezember 2005), 12: *AAS* 98 (2006), 228.

deutlich. Als nämlich Johannes der Täufer am Ufer des Jordans Jesus auf sich zukommen sieht, ruft er aus: „Seht *das Lamm Gottes*, das die Sünde der Welt hinwegnimmt!" (*Joh* 1,29). Es ist bezeichnend, daß ebendieses Wort in jeder Meßfeier in dem Augenblick wiederkehrt, da der Priester zum Empfang der Kommunion einläct: „Seht *das Lamm Gottes*, das hinwegnimmt die Sünden der Welt! Selig, die zum Hochzeitsmahl des Lammes geladen sind!" Jesus ist das *wahre* Osterlamm, das sich selbst freiwillig als Opfer für uns dargebracht und so den neuen und ewigen Bund verwirklicht hat. Die Eucharistie enthält in sich diese radikale Neuheit, die uns in jeder Meßfeier neu dargeboten wird.[19]

Die Einsetzung der Eucharistie

10. In dieser Weise werden wir zum Nachdenken über die Einsetzung der Eucharistie während des Letzten Abendmahles geführt. Sie geschah im Rahmen eines rituellen Mahles, das die Gedenkfeier des Gründungsereignisses des Volkes Israel darstellte, der Befreiung aus der Knechtschaft Ägyptens. Dieses mit der Opferung der Lämmer verbundene rituelle Mahl (vgl. *Ex* 12,1-28.43-51) war Erinnerung an die Vergangenheit, doch zu-

---

[19] Vgl. *Propositio* 3.

gleich auch ein prophetisches Gedenken, das heißt die Verkündigung einer zukünftigen Befreiung. Das Volk hatte nämlich erfahren, daß jene Befreiung noch keine endgültige gewesen war, denn seine Geschichte stand noch zu sehr unter dem Zeichen der Knechtschaft und der Sünde. So öffnete sich das Gedenken der alten Befreiung der Bitte und Erwartung eines tiefergreifenden Heiles, das grundlegend, umfassend und endgültig sein würde. In diesen Zusammenhang fügt Jesus die Neuheit seiner Gabe ein. Im Lobpreis, der *Berakah*, dankt er dem Vater nicht nur für die großen Ereignisse der Vergangenheit, sondern auch für seine eigene „Erhöhung". Indem er das Sakrament der Eucharistie einsetzt, nimmt Jesus das Kreuzesopfer und den Sieg der Auferstehung vorweg und schließt beides in das Sakrament ein. Zugleich offenbart er sich als das *wahre* Opferlamm, das im Plan des Vaters von Anbeginn der Welt vorgesehen war, wie der *Erste Petrusbrief* betont (vgl. 1,18-20). Indem Jesus seine Gabe in diesen Zusammenhang stellt, tut er die heilbringende Bedeutung seines Todes und seiner Auferstehung kund, dieses Geheimnisses, das somit zu einer Gegebenheit wird, welche die Geschichte und den gesamten Kosmos erneuert. Tatsächlich zeigt die Einsetzung der Eucharistie, wie dieser an sich gewaltsame und sinnlose Tod in Jesus zum erhabensten Akt der Liebe und zur endgültigen Befreiung der Menschheit vom Bösen geworden ist.

Figura transit in veritatem

11. Auf diese Weise fügt Jesus sein tiefgreifendes *novum* ins Innere des alten jüdischen Opfermahles ein. Jenes Mahl bedarf für uns Christen keiner Wiederholung. Zu Recht sagten die Väter, daß *„figura transit in veritatem"*: Was die kommenden Wirklichkeiten vorausverkündete, hat nun der Wahrheit selbst Platz gemacht. Der alte Ritus hat sich erfüllt und ist durch die Liebesgabe des fleischgewordenen Gottessohnes endgültig überholt. Die Speise der Wahrheit, der für uns geopferte Christus, *dat figuris terminum*.[20] Mit dem Auftrag: *„Tut dies zu meinem Gedächtnis!"* (*Lk* 22,19; *1 Kor* 11,25), fordert er uns auf, seiner Gabe zu entsprechen und sie sakramental darzustellen. Mit diesen Worten bringt der Herr sozusagen die Erwartung zum Ausdruck, daß seine Kirche, die aus seinem Opfer hervorgegangen ist, diese Gabe annimmt und unter der Führung des Heiligen Geistes die liturgische Form des Sakramentes entwickelt. Die Gedenkfeier seiner vollkommenen Gabe besteht ja nicht in der

---

[20] Römisches Brevier, *Hymnus zur Lesehore* am Hochfest des Leibes und Blutes Christi.

einfachen Wiederholung des Letzten Abendmahles, sondern eigens in der Eucharistie, das heißt in der radikalen Neuheit des christlichen Kultes. So hat Jesus uns die Aufgabe hinterlassen, in seine „Stunde" einzutreten: „Die Eucharistie zieht uns in den Hingabeakt Jesu hinein. Wir empfangen nicht nur statisch den inkarnierten *Logos*, sondern werden in die Dynamik seiner Hingabe hineingenommen".[21] Er „zieht uns in sich hinein".[22] Die Wesensverwandlung von Brot und Wein in seinen Leib und sein Blut bringt in die Schöpfung das Prinzip einer tiefgreifenden Veränderung ein, wie eine Art „Kernspaltung" — um ein uns heute wohlbekanntes Bild zu benutzen —, die ins Innerste des Seins getragen worden ist, eine Veränderung, die dazu bestimmt ist, einen Prozeß der Verwandlung der Wirklichkeit auszulösen, dessen letztes Ziel die Verklärung der gesamten Welt ist bis zu jenem Zustand, in dem Gott alles in allem sein wird (vgl. *1 Kor* 15,28).

---

[21] BENEDIKT XVI., Enzyklika *Deus caritas est* (25. Dezember 2005), 13: *AAS* 98 (2006), 228.

[22] Vgl. BENEDIKT XVI., *Homilie auf dem Marienfeld* (21. August 2005): *AAS* 97 (2005), 891-892.

Der Heilige Geist und die Eucharistie

Jesus und der Heilige Geist

12. Mit seinem Wort und mit Brot und Wein hat der Herr selbst uns die wesentlichen Elemente des neuen Kultes geschenkt. Die Kirche, seine Braut, ist berufen, das eucharistische Mahl Tag für Tag zu seinem Gedächtnis zu feiern. Sie schreibt auf diese Weise das erlösende Opfer ihres Bräutigams in die Geschichte der Menschen ein und läßt es in allen Kulturen sakramental gegenwärtig werden. Dieses große Geheimnis wird in den liturgischen Formen gefeiert, die die Kirche, vom Heiligen Geist geführt, in Zeit und Raum entwickelt.[23] In diesem Zusammenhang ist es nötig, daß wir in uns das Bewußtsein der entscheidenden Rolle wachrufen, die der Heilige Geist für die Entwicklung der liturgischen Form und für das Vertiefen der göttlichen Geheimnisse spielt. Der Paraklet, die erste Gabe an die Gläubigen,[24] der schon in der Schöpfung am Werk war (vgl. *Gen* 1,2), ist vollends gegenwärtig im gesamten Leben des fleischgewordenen WORTES: Jesus Christus wurde ja durch das Wirken des Heiligen Geistes von der

---

[23] Vgl. *Propositio* 3.
[24] Vgl. Römisches Meßbuch, *Viertes Eucharistisches Hochgebet*.

Jungfrau Maria empfangen (vgl. *Mt* 1,18; *Lk* 1,35); zu Beginn seiner öffentlichen Sendung sieht er ihn am Jordanufer in Form einer Taube auf sich herabkommen (vgl. *Mt* 3,16 und *Par.*); in ebendiesem Geist handelt, redet und frohlockt er (vgl. *Lk* 10,21); und in ihm kann er sich selbst als Opfer darbringen (vgl. *Hebr* 9,14). In den sogenannten, von Johannes aufgezeichneten „Abschiedsreden" stellt Jesus eine deutliche Beziehung her zwischen der Hingabe seines Lebens im Pascha-Mysterium und der Gabe des Geistes an die Seinen (vgl. *Joh* 16,7). Als Auferstandener, der die Zeichen der Passion an seinem Leib trägt, kann er mit seinem Hauch den Geist ausströmen (vgl. *Joh* 20,22) und so die Seinen an der eigenen Sendung beteiligen (vgl. *Joh* 20,21). Der Geist wird dann die Jünger alles lehren und sie an alles erinnern, was Christus ihnen gesagt hat (vgl. *Joh* 14,26), denn als Geist der Wahrheit (vgl. *Joh* 15,26) kommt es ihm zu, die Jünger in die ganze Wahrheit zu führen (vgl. *Joh* 16,13). In der *Apostelgeschichte* wird berichtet, daß der Geist am Pfingsttag auf die mit Maria im Gebet versammelten Apostel herabkommt (vgl. 2,1-4) und sie zu der Aufgabe anfeuert, allen Völkern die Frohe Botschaft zu verkünden. Deswegen geschieht es kraft des Geistes, daß Christus selbst in seiner Kirche von ihrer Lebensmitte, der Eucharistie, aus gegenwärtig und wirkend bleibt.

Heiliger Geist und Eucharistiefeier

13. Vor diesem Hintergrund wird die entscheidende Rolle des Heiligen Geistes in der Eucharistiefeier und speziell in bezug auf die Transsubstantiation verständlich. Ein entsprechendes Bewußtsein ist bei den Kirchenvätern deutlich nachweisbar. Der hl. Cyrill von Jerusalem erinnert in seinen *Katechesen* daran, daß wir „den barmherzigen Gott anrufen, seinen Heiligen Geist auf die vor uns liegenden Opfergaben herabzusenden, damit er das Brot in den Leib Christi und den Wein in das Blut Christi verwandle. Was der Heilige Geist berührt, ist geheiligt und völlig verwandelt".[25] Auch der hl. Johannes Chrysostomus weist darauf hin, daß der Priester den Heiligen Geist anruft, wenn er das Opfer feiert:[26] Wie Elias, der Diener Gottes, so ruft er den Heiligen Geist herbei — sagt er —, damit „wenn die Gnade auf das Opfer herabkommt, die Seelen aller durch sie entzündet werden".[27] Von größter Wichtigkeit für das geistliche Leben der Gläubigen ist eine klarere Kenntnis des Reichtums der Anaphora: Neben den von Christus beim Letzten Abendmahl gesprochenen Worten

---

[25] *Katechese* XXIII, 7: *PG* 33, 1114f.
[26] Vgl. *Über das Priestertum*, VI, 4: *PG* 48, 681.
[27] *Ebd.*, III, 4: *PG* 48, 642.

enthält sie die Epiklese als Bitte an den Vater, die Gabe des Heiligen Geistes herabzusenden, damit Brot und Wein zum Leib und zum Blut Jesu Christi werden und „die ganze Gemeinde immer mehr Leib Christi werde".[28] Der Geist, der vom Zelebranten auf die auf den Altar gelegten Gaben von Brot und Wein herabgerufen wird, ist derselbe, der die Gläubigen in „einem Leib" vereint und sie zu einem geistigen Opfer macht, das dem Vater wohlgefällt.[29]

Eucharistie und Kirche

Eucharistie – Kausalprinzip der Kirche

14. Durch das eucharistische Sakrament nimmt Jesus die Gläubigen in seine „Stunde" hinein; auf diese Weise zeigt er uns die Bindung, die er zwischen sich und uns, zwischen seiner Person und der Kirche beabsichtigte. Tatsächlich hat Christus selbst im Kreuzesopfer die Kirche gezeugt als seine

---

[28] *Propositio* 22.
[29] Vgl. *Propositio* 42: „Diese eucharistische Begegnung verwirklicht sich im Heiligen Geist, der uns verwandelt und heiligt. Er erweckt im Jünger den entschiedenen Willen, den anderen mutig alles zu verkünden, was er gehört und erlebt hat, um auch sie zu derselben Begegnung mit Christus zu führen. Auf diese Weise öffnet sich der von der Kirche ausgesandte Jünger einer grenzenlosen Sendung."

Braut und seinen Leib. Die Kirchenväter haben ausgiebig meditiert über die Beziehung zwischen dem Ursprung Evas aus der Seite des schlafenden Adam (vgl. *Gen* 2,21-23) und dem der neuen Eva, der Kirche, aus der geöffneten Seite Christi, der im Schlaf des Todes versunken war: Aus der durchbohrten Seite — erzählt Johannes — floß Blut und Wasser heraus (vgl. *Joh* 19,34), ein Symbol der Sakramente.[30] Ein kontemplativer Blick „auf den ... den sie durchbohrt haben" (*Joh* 19,37) bringt uns zum Nachdenken über die kausale Verbindung zwischen dem Opfer Christi, der Eucharistie und der Kirche. In der Tat: „Die Kirche lebt von der Eucharistie".[31] Da in ihr das erlösende Opfer Christi gegenwärtig wird, muß man vor allem erkennen, daß sich „ein ursächlicher Einfluß der Eucharistie ... an den direkten Ursprüngen der Kirche" zeigt.[32] Die Eucharistie ist Christus, der sich uns schenkt und uns so fortwährend als seinen Leib aufbaut. Darum ist in der eindrucksvollen Wechselwirkung von Eucharistie, welche die Kirche aufbaut, und

---

[30] Vgl. ZWEITES VATIKANISCHES KONZIL, Dogm. Konst. über die Kirche *Lumen gentium*, 3; vgl. z. B. JOHANNES CHRYSOSTOMUS, *Katechese* 3, 13-19; *SC* 50, 174-177.

[31] JOHANNES PAUL II., Enzyklika *Ecclesia de Eucharistia* (17. April 2003), 1: *AAS* 95 (2003), 433.

[32] *Ebd.*, 21: *AAS* 95 (2003), 447.

der Kirche selbst, welche die Eucharistie realisiert,[33] die Erstursache jene, die in der ersten Formulierung ausgedrückt ist: Die Kirche kann das Mysterium des in der Eucharistie gegenwärtigen Christus eben deshalb feiern und anbeten, weil zuerst Christus selbst sich ihr im Kreuzesopfer geschenkt hat. Die Möglichkeit der Kirche, die Eucharistie zu „verwirklichen", ist ganz und gar verwurzelt in der Selbsthingabe Christi an sie. Auch hier entdecken wir einen überzeugenden Aspekt der Formulierung des Johannes: „Er hat uns zuerst geliebt" (vgl. *1 Joh* 4,19). So bekennen auch wir in jeder Feier den Vorrang der Gabe Christi. Der kausale Einfluß der Eucharistie auf den Ursprung der Kirche verdeutlicht schließlich das nicht nur chronologische, sondern auch ontologische Zuvorkommen seiner Liebe, mit der er uns „zuerst geliebt" hat. Er ist in Ewigkeit derjenige, welcher uns zuerst liebt.

Eucharistie und kirchliche Communio

15. Die Eucharistie ist also grundlegend für das Sein und Handeln der Kirche. Deshalb bezeichnete das christliche Altertum den von der

---

[33] Vgl. JOHANNES PAUL II., Enzyklika *Redemptor hominis* (4. März 1979), 20: *AAS* 71 (1979), 309-316; Brief an die Priester zum Gründonnerstag *Dominicae Cenae* (24. Februar 1980), 4: *AAS* 72 (1980), 119-121.

Jungfrau Maria geborenen Leib, den eucharistischen Leib und den kirchlichen Leib Christi mit ein und demselben Begriff als *Corpus Christi*.[34] Dieses in der Überlieferung stark vertretene Faktum verhilft uns zu einem vermehrten Bewußtsein der Untrennbarkeit von Christus und der Kirche. Indem unser Herr Jesus sich selbst als Opfer für uns hingegeben hat, hat er in seiner Gabe wirkungsvoll auf das Geheimnis der Kirche hingedeutet. Es ist bezeichnend, daß das zweite Eucharistische Hochgebet mit der Epiklese nach der Konsekration die Bitte um die Einheit der Kirche in folgenden Worten verbindet: „*Schenke uns Anteil an Christi Leib und Blut und laß uns eins werden durch den Heiligen Geist.*" Diese Formulierung läßt deutlich werden, daß die *res* des eucharistischen Sakramentes die Einheit der Gläubigen in der kirchlichen Gemeinschaft ist. So zeigt sich die Eucharistie an der Wurzel der Kirche als Geheimnis der *Communio*.[35]

Auf die Beziehung zwischen Eucharistie und *Communio* hatte schon der Diener Gottes Johannes Paul II. in seiner Enzyklika *Ecclesia de Eucharistia* aufmerksam gemacht. Er bezeichnete die Gedenkfeier Christi als „die höchste sakramentale Darstel-

---

[34] Vgl. *Propositio* 5.
[35] Vgl. Thomas von Aquin, *Summa Theologiae*, III, q. 80, a. 4.

lung der Gemeinschaft in der Kirche".[36] Die Einheit der kirchlichen Gemeinschaft zeigt sich konkret in den christlichen Gemeinden und erneuert sich im eucharistischen Akt, der sie vereint und in Teilkirchen unterscheidet, *„in quibus et ex quibus una et unica Ecclesia catholica exsistit"*.[37] Gerade die Realität der einen Eucharistie, die in jeder Diözese um den jeweils eigenen Bischof gefeiert wird, macht uns verständlich, wie die Teilkirchen selbst *in* und *ex Ecclesia* bestehen. „Die Einzigkeit und Unteilbarkeit des eucharistischen Herrenleibes schließt die Einzigkeit seines mystischen Leibes, der einen und unteilbaren Kirche, ein. Aus der eucharistischen Mitte ergibt sich die notwendige Offenheit jeder feiernden Gemeinde, jeder Teilkirche: Angezogen von den offenen Armen des Herrn, wird sie in seinen einzigen und unteilbaren Leib eingegliedert".[38] Aus diesem Grund befindet sich bei der Eucharistiefeier jeder Gläubige in *seiner* Kirche, das heißt in der Kirche Christi. Aus dieser recht verstandenen eucharistischen Sicht erweist sich die kirchliche Com-

---

[36] Nr. 38: *AAS* 95 (2003), 458.
[37] ZWEITES VATIKANISCHES KONZIL, Dogm. Konst. über die Kirche *Lumen gentium*, 23.
[38] KONGREGATION FÜR DIE GLAUBENSLEHRE, Schreiben an die Bischöfe der Katholischen Kirche über einige Aspekte der Kirche als Communio *Communionis Notio* (28. Mai 1992), 11: *AAS* 85 (1993), 844-845.

munio als eine von Natur aus katholische Wirklichkeit.[39] Diese eucharistische Wurzel der kirchlichen Gemeinschaft hervorzuheben, kann auch ein wirksamer Beitrag sein zum ökumenischen Dialog mit den Kirchen und kirchlichen Gemeinschaften, die nicht in der vollen Gemeinschaft mit dem Sitz Petri stehen. Die Eucharistie knüpft nämlich objektiv ein starkes Band der Einheit zwischen der katholischen Kirche und den orthodoxen Kirchen, die das unverfälschte und vollständige Wesen des Mysteriums der Eucharistie bewahrt haben. Zugleich kann die Betonung des ekklesialen Charakters der Eucharistie ein bevorzugtes Element im Dialog auch mit den aus der Reformation hervorgegangenen Gemeinschaften werden.[40]

---

[39] *Propositio* 5: „Der Begriff ‚katholisch' drückt die Universalität aus, die aus der Einheit herrührt, welche die in jeder Kirche gefeierte Eucharistie fördert und aufbaut. Die Teilkirchen in der Weltkirche haben so in der Eucharistie die Aufgabe, ihre jeweilige Einheit und ihre Verschiedenheit sichtbar zu machen. Dieses Band der Bruderliebe läßt die trinitarische Gemeinschaft durchscheinen. Die Konzilien und die Synoden bringen in der Geschichte diesen brüderlichen Aspekt der Kirche zum Ausdruck."

[40] Vgl. *Ebd.*

Eucharistie und Sakramente

Die Sakramentalität der Kirche

16. Das Zweite Vatikanische Konzil hat daran erinnert, daß „mit der Eucharistie die übrigen Sakramente im Zusammenhang [stehen]; auf die Eucharistie sind sie hingeordnet; das gilt auch für die anderen kirchlichen Dienste und für die Apostolatswerke. Die Heiligste Eucharistie enthält ja das Heilsgut der Kirche in seiner ganzen Fülle, Christus selbst, unser Osterlamm und das lebendige Brot. Durch sein Fleisch, das durch den Heiligen Geist lebt und Leben schafft, spendet er den Menschen das Leben; so werden sie ermuntert und angeleitet, sich selbst, ihre Arbeiten und die ganze Schöpfung mit ihm darzubringen".[41] Diese innerste Verbindung der Eucharistie mit allen anderen Sakramenten und mit dem christlichen Leben wird in ihrer Wurzel verstanden, wenn man das Geheimnis der Kirche selbst als Sakrament betrachtet.[42] Das Konzil hat in diesem Zusammenhang bekräftigt: „Die Kirche ist ... in Christus gleichsam das Sakrament, das heißt Zeichen und Werkzeug für die innigste Vereinigung mit Gott wie für die Einheit der gan-

---

[41] Dekret über Dienst und Leben der Priester *Presbyterorum Ordinis*, 5.
[42] Vgl. *Propositio* 14.

zen Menschheit".⁴³ Als das — wie der hl. Cyprian sagt — „von der Einheit des Vaters, des Sohnes und des Heiligen Geistes her geeinte Volk" ⁴⁴ ist sie Sakrament der trinitarischen *Communio*.

Die Tatsache, daß die Kirche „allumfassendes Heilssakrament" ⁴⁵ ist, zeigt, wie die sakramentale „Ökonomie" letztlich die Art bestimmt, in der Christus, der einzige Retter, durch den Geist unser Leben in der Besonderheit seiner Umstände erreicht. Die Kirche *empfängt sich* und *drückt sich* zugleich *aus* in den sieben Sakramenten, durch die die Gnade Gottes konkret auf das Sein der Gläubigen einwirkt, damit das ganze, von Christus erlöste Leben ein Gott wohlgefälliger Kult werde. In dieser Sicht möchte ich einige von den Synodenvätern hervorgehobene Elemente unterstreichen, die hilfreich sein können, um die Beziehung aller Sakramente zum eucharistischen Mysterium zu verstehen.

I. EUCHARISTIE UND CHRISTLICHE INITIATION

Eucharistie, Fülle der christlichen Initiation

17. Wenn die Eucharistie wirklich Quelle und Höhepunkt von Leben und Sendung der Kirche ist,

---

⁴³ Dogm. Konst. *Lumen gentium*, 1.
⁴⁴ *De Orat. Dom.*, 23: *PL* 4, 553 .
⁴⁵ ZWEITES VATIKANISCHES KONZIL, Dogm. Konst. *Lumen gentium*, 48; vgl. auch *ebd.*, 9.

folgt daraus vor allem, daß der Weg christlicher Initiation darauf ausgerichtet ist, die Möglichkeit des Zugangs zu diesem Sakrament zu verschaffen. Wie die Synodenväter sagten, müssen wir uns in diesem Zusammenhang fragen, ob in unseren christlichen Gemeinden die enge Verbindung von Taufe, Firmung und Eucharistie ausreichend wahrgenommen wird.[46] Man darf nämlich nie vergessen, daß wir im Hinblick auf die Eucharistie getauft und gefirmt werden. Das bringt die Verpflichtung mit sich, in der pastoralen Praxis ein Verständnis zu fördern, das mehr die Einheit des gesamten christlichen Initiationsweges im Auge hat. Das Sakrament der Taufe, mit dem wir Christus gleichgestaltet,[47] in die Kirche aufgenommen und Kinder Gottes werden, ist die Eingangstür zu allen Sakramenten. Mit ihm werden wir in den einen Leib Christi (vgl. *1 Kor* 12,13), in das priesterliche Volk, eingegliedert. Dennoch ist es die Teilnahme am eucharistischen Opfer, die in uns vervollkommnet, was uns in der Taufe geschenkt wurde. Auch die Gaben des Geistes werden zum Aufbau des Leibes Christi (vgl. *1 Kor* 12) und zum größeren evange-

---

[46] Vgl. *Propositio* 13.
[47] Vgl. ZWEITES VATIKANISCHES KONZIL, Dogm. Konst. *Lumen gentium*, 7.

lischen Zeugnis in der Welt verliehen.[48] Darum führt die Heiligste Eucharistie die christliche Initiation zu ihrer Fülle und stellt die Mitte und das Ziel des gesamten sakramentalen Lebens dar.[49]

Die Reihenfolge der Initiations-Sakramente

18. In diesem Zusammenhang ist es nötig, die Aufmerksamkeit dem Thema der Reihenfolge der Initiations-Sakramente zuzuwenden. Es gibt in der Kirche diesbezüglich unterschiedliche Traditionen. Diese Verschiedenheit tritt offen zutage in den kirchlichen Bräuchen des Ostens [50] und selbst in der westlichen Praxis, was die Initiation Erwachsener [51] im Vergleich zu der von Kindern [52] angeht. Solche Differenzierungen haben jedoch keinen eigentlich dogmatischen Stellenwert, sondern sind pastoraler Art. Konkret muß geklärt werden, welche Praxis den Gläubigen tatsächlich am besten

---

[48] Vgl. *Ebd.*, 11; ZWEITES VATIKANISCHES KONZIL, Dekret über die Missionstätigkeit der Kirche *Ad gentes*, 9. 13.

[49] Vgl. JOHANNES PAUL II., Brief an die Priester zum Gründonnerstag *Dominicae Cenae* (24. Februar 1980), 7: *AAS* 72 (1980), 124-127; ZWEITES VATIKANISCHES KONZIL, Dekret über Dienst und Leben der Priester *Presbyterorum Ordinis*, 5.

[50] Vgl. *Rechtskodex der Ostkirchen*, can. 710.

[51] Vgl. *Ritus der christlichen Initiation Erwachsener*, Allgemeine Einführung, Nr. 34-36.

[52] Vgl. *Ritus der Kindertaufe*, Einführung Nr. 18-19.

helfen kann, das Sakrament der Eucharistie als die Wirklichkeit, auf die die gesamte Initiation zustrebt, in den Mittelpunkt zu stellen. Die Bischofskonferenzen mögen in enger Zusammenarbeit mit den zuständigen Dikasterien der Römischen Kurie die Wirksamkeit der aktuellen Initiationswege überprüfen, damit der bzw. dem Gläubigen durch die erzieherische Tätigkeit unserer Gemeinden geholfen werde, in einem fortschreitenden Reifungsprozeß zu einer authentisch eucharistischen Lebenseinstellung zu gelangen, um so fähig zu sein, in einer unserer Zeit angemessenen Weise jedem Rede und Antwort zu stehen, der nach der Hoffnung fragt, die uns erfüllt (vgl. *1 Petr* 3,15).

Initiation, kirchliche Gemeinschaft und Familie

19. Immer sollte man sich vergegenwärtigen, daß die gesamte christliche Initiation ein Weg der Umkehr ist, der mit der Hilfe Gottes und in ständiger Bezugnahme auf die kirchliche Gemeinschaft zu vollziehen ist, sei es, wenn Erwachsene um Aufnahme in die Kirche bitten, wie es an Orten der Erstevangelisierung oder in vielen säkularisierten Regionen geschieht, sei es, wenn Eltern die Sakramente für ihre Kinder erbitten. In diesem Zusammenhang möchte ich vor allem auf die Beziehung zwischen christlicher Initiation und Familie aufmerksam machen. Im pastoralen Wirken muß man die christliche Familie immer am Weg der Initiation beteiligen. Der Empfang der Taufe, der Firmung und der ersten Heiligen Kommunion sind entscheidende Momente nicht nur für die Person, welche das Sakrament empfängt, sondern auch für die ganze Familie, die in ihrer Erziehungsaufgabe von der kirchlichen Gemeinschaft in ihren verschiedenen Komponenten unterstützt werden muß.[53] Hier möchte ich die Wichtigkeit der Erstkommunion hervorheben. Sehr vielen Gläubigen bleibt dieser Tag zu Recht tief in der Erinnerung haften als der erste Augenblick, in dem sie, wenn auch nur anfänglich, die Bedeutung der persönlichen Begegnung mit Jesus wahrgenommen haben. Die Seelsorge in der Pfarrei muß diese so bedeutsame Gelegenheit in angemessener Weise nutzen.

II. EUCHARISTIE UND SAKRAMENT
DER VERSÖHNUNG

Ihre innere Verbindung

20. Zu Recht haben die Synodenväter erklärt, daß die Liebe zur Eucharistie dazu führt, auch das Sakrament der Versöhnung immer mehr zu schät-

---

[53] Vgl. *Propositio* 15.

zen.⁵⁴ Aufgrund der Verbindung zwischen diesen Sakramenten kann eine authentische Katechese über den Sinn der Eucharistie nicht losgelöst sein von der Ermunterung zu einem Weg der Buße (vgl. *1 Kor* 11,27-29). Sicher, wir stellen fest, daß die Gläubigen in unserer Zeit in eine Kultur eingetaucht sind, die dazu neigt, das Empfinden für die Sünde auszulöschen,⁵⁵ indem sie eine oberflächliche Haltung fördert, die die Notwendigkeit, in Gottes Gnade zu stehen, um die Kommunion würdig empfangen zu können, vergessen läßt.⁵⁶ In Wirklichkeit bringt der Verlust des Sündenbewußtseins immer auch eine gewisse Oberflächlichkeit in der Wahrnehmung der Liebe Gottes mit sich. Es ist den Gläubigen von großem Nutzen, sich die Elemente ins Gedächtnis zu rufen, die innerhalb des Ritus der Heiligen Messe das Bewußtsein der eigenen Sünde und zugleich das der Barmherzigkeit Gottes eindeutig zum Ausdruck bringen.⁵⁷ Außerdem erin-

---

⁵⁴ Vgl. *Propositio* 7; JOHANNES PAUL II., Enzyklika *Ecclesia de Eucaristia* (17. April 2003), 36: *AAS* 95 (2003), 457-458.

⁵⁵ Vgl. JOHANNES PAUL II., Nachsynodales Apostolisches Schreiben *Reconciliatio et Paenitentia* (2. Dezember 1984), 18: *AAS* 77 (1985), 224-228.

⁵⁶ Vgl. *Katechismus der Katholischen Kirche*, 1385.

⁵⁷ Man denke hier an das *Confiteor* oder an die Worte des Priesters und der Gemeinde vor dem Empfang der Kommunion: *„Herr, ich bin nicht würdig, daß du eingehst unter mein Dach, aber sprich nur ein Wort, so wird meine Seele gesund."* Es ist nicht

nert uns die Beziehung zwischen Eucharistie und Versöhnung daran, daß die Sünde niemals eine ausschließlich individuelle Angelegenheit ist; sie bringt immer auch eine Verletzung innerhalb der kirchlichen Gemeinschaft mit sich, in die wir dank der Taufe eingegliedert sind. Darum ist die Versöhnung, wie die Väter sagten, *laboriosus quidam baptismus*,[58] womit sie unterstrichen, daß das Ergebnis des Weges der Umkehr auch die Wiederherstellung der vollen kirchlichen Gemeinschaft ist, die im erneuten Empfang der Eucharistie zum Ausdruck kommt.[59]

Einige pastorale Anweisungen

21. Die Synode hat daran erinnert, daß es die pastorale Aufgabe des Bischofs ist, in seiner Diö-

---

bedeutungslos, daß die Liturgie auch für den Priester einige sehr schöne, uns von der Tradition übergebene Gebete vorsieht, die an die Notwendigkeit der Vergebung erinnern, wie zum Beispiel jenes, das er leise spricht, bevor er die Gläubigen zur Kommunion einlädt: *„Erlöse mich durch deinen Leib und dein Blut von allen Sünden und allem Bösen. Hilf mir, daß ich deine Gebote treu erfülle, und laß nicht zu, daß ich jemals von dir getrennt werde."*

[58] Vgl. JOHANNES DAMASCENUS, *Über den rechten Glauben*, IV, 9: *PG* 94, 1124C; GREGOR VON NAZIANZ, *Rede* 39, 17: *PG* 36, 356A; ÖKUM. KONZIL VON TRIENT, *Doctrina de sacramento paenitentiae*, cap. 2: *DS* 1672.

[59] Vgl. ZWEITES VATIKANISCHES KONZIL, Dogm. Konst. über die Kirche *Lumen gentium*, 11; JOHANNES PAUL II., Nachsynodales Apostolisches Schreiben *Reconciliatio et Paenitentia* (2. Dezember 1984), 30: *AAS* 77 (1985), 256-257.

zese eine entschiedene Wiederbelebung der Erziehung zur Umkehr anzuregen, die sich aus der Eucharistie ergibt, und unter den Gläubigen die häufige Beichte zu fördern. Alle Priester sollen sich großzügig mit Engagement und Kompetenz der Spendung des Sakramentes der Versöhnung widmen.[60] In diesem Zusammenhang muß darauf geachtet werden, daß die Beichtstühle in unseren Kirchen gut sichtbar sind und die Bedeutung dieses Sakramentes zum Ausdruck bringen. Ich bitte die Hirten, die Art des Vollzugs des Sakramentes der Versöhnung aufmerksam zu überwachen und die Praxis der allgemeinen Absolution ausschließlich auf die eigens vorgesehenen Fälle zu beschränken,[61] da nur die persönliche Beichte die ordnungsgemäße Form darstellt.[62] Angesichts der Notwendigkeit der Wiederentdeckung der sakramentalen Vergebung sollte es in allen Diözesen immer den *Pönitentiar* geben.[63] Schließlich kann eine wertvolle Hilfe für

---

[60] Vgl. *Propositio* 7.

[61] Vgl. JOHANNES PAUL II., Motu proprio *Misericordia Dei* (7. April 2002): *AAS* 94 (2002), 452-459.

[62] Gemeinsam mit den Synodenvätern möchte ich daran erinnern, daß die nicht sakramentalen Bußfeiern, die im Ritualbuch für das Sakrament der Versöhnung erwähnt werden, nützlich sein können, um in den christlichen Gemeinden den Geist der Umkehr zu fördern und so die Herzen auf die Feier des Sakramentes vorzubereiten: vgl. *Propositio* 7.

[63] Vgl. *Kodex des kanonischen Rechts*, can. 508.

die erneute Bewußtmachung der Beziehung zwischen Eucharistie und Versöhnung eine ausgeglichene und vertiefte Praxis der für sich selbst oder für die Verstorbenen gewonnenen *Indulgenz* sein. Mit ihr erhält man „vor Gott den Nachlaß der zeitlichen Strafe für die Sünden, die — was die Schuld betrifft — schon vergeben sind".[64] Die Inanspruchnahme der Ablässe hilft uns verstehen, daß wir allein mit unseren Kräften niemals imstande wären, das begangene Böse wiedergutzumachen, und daß die Sünden jedes Einzelnen der ganzen Gemeinschaft Schaden zufügen. Darüber hinaus verdeutlicht uns die Praxis der Indulgenz, da sie außer der Lehre von den unendlichen Verdiensten Christi auch die von der Gemeinschaft der Heiligen einschließt, „wie eng wir in Christus miteinander vereint sind und wie sehr das übernatürliche Leben jedes Einzelnen den anderen nützen kann".[65] Da ihre Form unter den Bedingungen den Empfang des Beichtsakramentes und der Kommunion vorsieht, kann ihre Übung die Gläubigen auf dem Weg der Umkehr und bei der Entdeckung der Zentralität der Eucharistie im christlichen Leben wirkungsvoll unterstützen.

---

[64] Paul VI., Apost. Konst. *Indulgentiarum doctrina* (1. Januar 1967), *Normae*, Nr. 1: *AAS* 59 (1967), 21.
[65] *Ebd.*, 9: *AAS* 59 (1967), 18-19.

III. Eucharistie und Krankensalbung

22. Jesus hat seine Jünger nicht nur ausgesandt, die Kranken zu heilen (vgl. *Mt* 10,8; *Lk* 9,2; 10,9), sondern er hat für sie auch ein spezifisches Sakrament eingesetzt: die Krankensalbung.[66] Der *Jakobusbrief* bezeugt uns das Vorhandensein dieser sakramentalen Handlung bereits in der ersten christlichen Gemeinde (vgl. 5,14-16). Wenn die Eucharistie zeigt, wie Leiden und Tod Christi in Liebe verwandelt worden sind, so vereint die Krankensalbung den Leidenden mit der Selbsthingabe Christi zum Heil aller, so daß auch er im Mysterium der Gemeinschaft der Heiligen sich an der Erlösung der Welt beteiligen kann. Die Verbindung dieser Sakramente wird außerdem angesichts der Verschlimmerung der Krankheit offenbar: „Die Kirche bietet den Sterbenden neben der Krankensalbung die Eucharistie als Wegzehrung an".[67] Im Heimgang zum Vater erweist sich die Kommunion mit dem Leib und dem Blut Christi als Same des ewigen Lebens und Kraft zur Auferstehung: „Wer mein Fleisch ißt und mein Blut trinkt, hat das ewige Leben, und ich werde ihn auferwecken am Letzten Tag" (*Joh* 6,54). Da die Heilige Wegzehrung dem

---

[66] Vgl. *Katechismus der Katholischen Kirche*, 1499-1531.
[67] *Ebd.*, 1524.

Kranken die Fülle des Pascha-Mysteriums erschließt, muß ihre Darreichung sichergestellt werden.[68] Die Zuwendung und die pastorale Sorge, die den Kranken entgegengebracht werden, bringen sicher einen geistlichen Gewinn für die ganze Gemeinde mit sich. Bekanntlich haben wir ja alles, was wir für den Geringsten getan haben, für Jesus selbst getan (vgl. *Mt* 25,40).

IV. EUCHARISTIE UND PRIESTERWEIHE

In persona Christi capitis

23. Die innere Verbindung zwischen Eucharistie und Priesterweihe geht aus Jesu eigenen Worten im Abendmahlssaal hervor: „Tut dies zu meinem Gedächtnis!" (*Lc* 22,19). Jesus hat ja am Vorabend seines Todes die Eucharistie eingesetzt und zugleich *das Priestertum des neuen Bundes* gegründet. Er ist Priester, Opfer und Altar: Mittler zwischen Gott Vater und dem Volk (vgl. *Hebr* 5,5-10), Sühnopfer (vgl. *1 Joh* 2,2; 4,10), das sich selbst auf dem Altar des Kreuzes darbringt. Niemand kann sagen: „Das ist mein Leib" und: „Das ist der Kelch des Neuen Bundes, mein Blut...", außer im Namen und in der Person Christi, des einzigen Hohenprie-

---

[68] Vgl. *Propositio* 44.

sters des neuen und ewigen Bundes (vgl. *Hebr* 8-9). Die Bischofssynode hat schon in anderen Versammlungen das Thema des Amtspriestertums behandelt, sei es in bezug auf die Identität des Dienstes,[69] sei es bezüglich der Ausbildung der Kandidaten.[70] Bei dieser Gelegenheit und im Licht des Dialogs innerhalb der letzten Synodenversammlung drängt es mich, an einige wichtige Punkte zu erinnern, die die Beziehung zwischen eucharistischem Sakrament und Priesterweihe betreffen. Zunächst ist es notwendig zu bekräftigen, daß die Verbindung zwischen Priesterweihe und Eucharistie gerade in der Messe sichtbar wird, deren Zelebration der Bischof oder der Priester *in der Person Christi als des Hauptes* vorsteht.

Nach der Lehre der Kirche ist die Priesterweihe die unumgängliche Bedingung für die gültige Feier der Eucharistie.[71] Denn „Christus selbst ist im kirchlichen Dienst des geweihten Priesters in seiner

---

[69] Vgl. BISCHOFSSYNODE, ZWEITE VOLLVERSAMMLUNG, Dokument über das Amtspriestertum *Ultimis temporibus* (30. November 1971): *AAS* 63 (1971), 898-942.

[70] Vgl. JOHANNES PAUL II., Nachsynodales Apostolisches Schreiben *Pastores dabo vobis* (25. März 1992), 42-69: *AAS* 84 (1992), 729-778.

[71] Vgl. ZWEITES VATIKANISCHES KONZIL, Dogm. Konst. über die Kirche *Lumen gentium*, 10; KONGREGATION FÜR DIE GLAUBENSLEHRE, Schreiben an die Bischöfe der Katholischen Kirche über einige Fragen bezüglich des Dieners der Eucharistie

Kirche zugegen als Haupt seines Leibes, Hirt seiner Herde, Hoherpriester des Erlösungsopfers".[72] Natürlich „handelt der geweihte Priester auch im Namen der ganzen Kirche, wenn er das Gebet der Kirche an Gott richtet, vor allem, wenn er das eucharistische Opfer darbringt".[73] Darum müssen die Priester sich bewußt sein, daß ihr gesamter Dienst niemals sie selbst oder ihre Meinung in den Mittelpunkt setzen darf, sondern Jesus Christus. Jeder Versuch, sich selbst zum Protagonisten der liturgischen Handlung zu machen, widerspricht dem Wesen des Priestertums. Der Priester ist in erster Linie Diener und muß sich ständig darum bemühen, ein Zeichen zu sein, das als gefügiges Werkzeug in Christi Händen auf ihn verweist. Das kommt besonders in der Demut zum Ausdruck, mit der er in treuer Befolgung des Ritus die liturgische Handlung führt, ihr im Herzen und im Geist entspricht und alles vermeidet, was den Eindruck einer unangebrachten Geltungssucht erwecken könnte. Darum empfehle ich dem Klerus, sich immer tiefer bewußt zu machen, daß der eigene eucharistische Dienst ein demütiger Dienst für

---

Sacerdotium ministeriale (6. August 1983): *AAS* 75 (1983), 1001-1009.

[72] *Katechismus der Katholischen Kirche*, 1548.
[73] Vgl. *ebd.*, 1552.

Christus und für seine Kirche ist. Das Priestertum ist — wie der hl. Augustinus sagte — *amoris officium*,[74] es ist der Dienst des guten Hirten, der das Leben hingibt für die Schafe (vgl. *Joh* 10,14-15).

Eucharistie und priesterlicher Zölibat

24. Die Synodenväter haben hervorgehoben, daß das Amtspriestertum durch die Weihe eine vollkommene Gleichgestaltung mit Christus erfordert. Bei aller Achtung gegenüber der abweichenden ostkirchlichen Handhabung und Tradition ist es doch notwendig, den tiefen Sinn des priesterlichen Zölibats zu bekräftigen, der zu Recht als ein unschätzbarer Reichtum betrachtet wird; in der Ostkirche findet er seine Bestätigung darin, daß die Auswahl der Kandidaten zum Bischofsamt nur unter zölibatär lebenden Priestern vorgenommen wird und der von vielen Priestern freiwillig gelebte Zölibat hohes Ansehen genießt. In dieser Wahl des Priesters kommen nämlich in ganz eigener Weise seine Hingabe, die ihn Christus gleichgestaltet, und seine Selbstaufopferung ausschließlich für das Reich Gottes zum Ausdruck.[75] Die Tatsache, daß Christus, der ewige Hohepriester,

---

[74] Vgl. *In Iohannis Evangelium Tractatus* 123,5: *PL* 35, 1967.
[75] Vgl. *Propositio* 11.

selber seine Sendung bis zum Kreuzesopfer im Stand der Jungfräulichkeit gelebt hat, bietet einen sicheren Anhaltspunkt, um den Sinn der Tradition der lateinischen Kirche in dieser Sache zu erfassen. Deshalb reicht es nicht aus, den priesterlichen Zölibat unter rein funktionalen Gesichtspunkten zu verstehen. In Wirklichkeit stellt er eine besondere Angleichung an den Lebensstil Christi selbst dar. Eine solche Wahl hat vor allem hochzeitlichen Charakter; sie ist ein Sicheinfühlen in das Herz Christi als des Bräutigams, der sein Leben für die Braut hingibt. In Einheit mit der großen kirchlichen Tradition, mit dem Zweiten Vatikanischen Konzil[76] und meinen Vorgängern im Petrusamt[77] bekräftige ich die Schönheit und die Bedeutung eines im Zölibat gelebten Priesterlebens als ausdrucksvolles Zeichen der völligen und ausschließlichen Hingabe an Christus, an die Kirche und an das Reich Gottes und bestätige folglich seinen ob-

---

[76] Vgl. Dekret über Dienst und Leben der Priester *Presbyterorum Ordinis*, 16.

[77] Vgl. JOHANNES XXIII., Enzyklika *Sacerdotii nostri primordia* (1. August 1959): *AAS* 51 (1959), 545-579; PAUL VI., Enzyklika *Sacerdotalis coelibatus* (24. Juni 1967): *AAS* 59 (1967), 657-697; JOHANNES PAUL II., Nachsynodales Apostolisches Schreiben *Pastores dabo vobis* (25. März 1992), 29: *AAS* 84 (1992), 703-705; Benedikt XVI., *Ansprache an die Römische Kurie* (22. Dezember 2006): *L'Osservatore Romano (dt.)* 37. Jg. (2007) Nr. 1, S. 6-8.

ligatorischen Charakter für die lateinische Tradition. Der in Reife, Freude und Hingabe gelebte priesterliche Zölibat ist ein sehr großer Segen für die Kirche und für die Gesellschaft selbst.

Priestermangel und Berufungspastoral

25. Im Zusammenhang mit der Verbindung zwischen Weihe und Eucharistie ist die Synode näher auf die Verlegenheit eingegangen, in die einige Diözesen geraten, wenn es darum geht, sich mit dem Priestermangel auseinanderzusetzen. Das geschieht nicht nur in einigen Gebieten der Erstevangelisierung, sondern auch in vielen Ländern mit langer christlicher Tradition. Sicher ist zur Lösung des Problems eine gerechtere Verteilung des Klerus hilfreich. Darum bedarf es einer Arbeit umfassender Sensibilisierung. Die Bischöfe sollten auf dem Gebiet des seelsorglichen Bedarfs die Institute gottgeweihten Lebens und die neuen kirchlichen Gruppierungen unter Berücksichtigung ihres je eigenen Charismas einbeziehen und alle Mitglieder des Klerus zu einer größeren Bereitschaft ermahnen, der Kirche dort zu dienen, wo es notwendig ist, auch wenn das Opfer verlangt.[78] Außerdem wurde in der Synode über die pastoralen Maßnahmen diskutiert,

[78] Vgl. *Propositio* 11.

die getroffen werden müssen, um vor allem bei den Jugendlichen die innere Offenheit gegenüber der Priesterberufung zu begünstigen. Diese Situation kann nicht durch bloße pragmatische Kunstgriffe gelöst werden. Es ist zu vermeiden, daß die Bischöfe unter dem Druck durchaus verständlicher funktionaler Sorgen aufgrund des Priestermangels keine angemessene Berufungsklärung vornehmen und Kandidaten, die nicht die für den priesterlichen Dienst notwendigen Eigenschaften besitzen, zur spezifischen Ausbildung und zur Weihe zulassen.[79] Ein mangelhaft ausgebildeter Klerus, der ohne die gebotene Prüfung zur Weihe zugelassen worden ist, wird kaum ein Zeugnis bieten können, das geeignet ist, in anderen den Wunsch zu wecken, dem Ruf Christi großherzig zu folgen. Die Berufungspastoral muß wirklich die ganze christliche Gemein-

---

[79] Vgl. ZWEITES VATIKANISCHES KONZIL, Dekret über die Ausbildung der Priester *Optatam totius*, 6; *Kodex des kanonischen Rechts*, can. 241, §1 und can. 1029; *Rechtskodex der Orstkirchen*, can. 342, §1 und can. 758; JOHANNES PAUL II., Nachsynodales Apostolisches Schreiben *Pastores dabo vobis* (25. März 1992) 11.34.50: *AAS* 84 (1992), 673-675; 712-714; 746-748; KONGREGATION FÜR DEN KLERUS, Direktorium für Dienst und Leben der Priester *Dives Ecclesiae* (31. März 1994), 58: LEV, 1994, S. 56-58; KONGREGATION FÜR DAS KATHOLISCHE BILDUNGSWESEN, *Instruktion über Kriterien zur Berufungsklärung von Personen mit homosexuellen Tendenzen im Hinblick auf ihre Zulassung zum Seminar und zu den heiligen Weihen* (4. November 2005): *AAS* 97 (2005), 1007-1013.

schaft in all ihren Bereichen einbeziehen.[80] Natürlich schließt diese flächendeckende pastorale Arbeit auch die Sensibilisierung der Familien ein, die einer vermutlichen Priesterberufung oft gleichgültig, wenn nicht sogar ablehnend gegenüberstehen. Sie sollen sich großherzig dem Geschenk des Lebens öffnen und die Kinder zur Verfügbarkeit gegenüber dem Willen Gottes erziehen. In wenigen Worten: Es bedarf vor allem des Mutes, den Jugendlichen die Radikalität der Nachfolge Christi nahezubringen, indem man ihnen zeigt, welche Faszination darin liegt.

Dankbarkeit und Hoffnung

26. Schließlich ist es nötig, mit mehr Glauben und Hoffnung auf die Initiative Gottes zu vertrauen. Auch wenn in einigen Gebieten Priestermangel zu verzeichnen ist, sollte man niemals die Zuversicht verlieren, daß Christus weiterhin Männer erwecken wird, die alles andere hinter sich lassen und sich völlig der Feier der heiligen Mysterien, der Predigt des Evangeliums und dem pastoralen Dienst widmen. Bei dieser Gelegenheit möchte ich die Dankbarkeit der ganzen Kirche gegenüber

---

[80] Vgl. *Propositio* 12; JOHANNES PAUL II., Nachsynodales Apostolisches Schreiben *Pastores dabo vobis* (25. März 1992) 41: *AAS* 84 (1992), 726-729.

allen Bischöfen und Priestern zum Ausdruck bringen, die mit treuer Hingabe und voller Engagement ihre Sendung erfüllen. Natürlich geht der Dank der Kirche auch an die Diakone, welche die Handauflegung „nicht zum Priestertum, sondern zur Dienstleistung"[81] empfangen haben. Auf Empfehlung der Synodenversammlung richte ich einen speziellen Dank an die *Fidei-donum*-Priester, die im Dienst der Mission der Kirche mit Kompetenz und großherziger Hingabe die Gemeinde aufbauen, indem sie ihr das Wort Gottes verkünden und das Brot des Lebens brechen, ohne ihre Kräfte zu schonen.[82] Man muß Gott danken für die vielen Priester, die Leiden bis zum Opfer des eigenen Lebens ertragen haben, um Christus zu dienen. An ihnen offenbart sich durch die Sprache der Tatsachen, was es bedeutet, ganz und gar Priester zu sein. Es handelt sich um erschütternde Zeugnisse, die viele junge Menschen anregen können, ihrerseits Christus nachzufolgen, ihr Leben für die anderen hinzugeben und gerade so das wahre Leben zu finden.

---

[81] ZWEITES VATIKANISCHES KONZIL, Dogm. Konst. über die Kirche *Lumen gentium*, 29.
[82] Vgl. *Propositio* 38.

V. Eucharistie und Ehe

Die Eucharistie, ein bräutliches Sakrament

27. Die Eucharistie, das Sakrament der Liebe, steht in besonderer Beziehung zur Liebe zwischen Mann und Frau, die in der Ehe vereint sind. Diese Verbindung zu vertiefen, ist eine Notwendigkeit gerade unserer Zeit.[83] Papst Johannes Paul II. hatte mehrmals die Gelegenheit, den bräutlichen Charakter der Eucharistie und ihre besondere Beziehung zum Ehesakrament zu bekräftigen: „Die Eucharistie ist das Sakrament unserer Erlösung. Sie ist das Sakrament des Bräutigams und der Braut".[84] Im übrigen trägt „das ganze christliche Leben ... die Handschrift der bräutlichen Liebe Christi und der Kirche. Schon die Taufe, der Eintritt in das Volk Gottes, ist ein bräutliches Mysterium; sie ist sozusagen das ‚Hochzeitsbad', das dem Hochzeitsmahl, der Eucharistie, vorausgeht".[85] Die Eucharistie stärkt in unerschöpflicher Weise die unauflösliche Einheit und Liebe jeder christlichen Ehe. In ihr ist die eheliche Bindung kraft des Sakraments inner-

---

[83] Vgl. JOHANNES PAUL II., Nachsynodales Apostolisches Schreiben *Familiaris consortio* (22. November 1981), 57: *AAS* 74 (1982), 149-150.

[84] Apostolisches Schreiben *Mulieris dignitatem* (15. August 1988), 26: *AAS* 80 (1988), 1715-1716.

[85] *Katechismus der Katholischen Kirche*, 1617.

lich verknüpft mit der eucharistischen Einheit zwischen dem Bräutigam Christus und seiner Braut, der Kirche (vgl. *Eph* 5,31-32). Die gegenseitige Zustimmung, die Bräutigam und Braut in Christus einander geben und die ihre Lebens- und Liebesgemeinschaft gründet, hat ebenfalls eine eucharistische Dimension. Tatsächlich ist in der paulinischen Theologie die eheliche Liebe ein sakramentales Zeichen der Liebe Christi zu seiner Kirche — einer Liebe, die ihren Höhepunkt im Kreuz erreicht, das der Ausdruck seiner „Hochzeit" mit der Menschheit und zugleich der Ursprung und das Zentrum der Eucharistie ist. Darum tut die Kirche all denen, die ihre Familie auf das Sakrament der Ehe gegründet haben, eine besondere geistliche Nähe kund.[86] Die Familie — eine Hauskirche[87] — ist ein vorrangiger Bereich des kirchlichen Lebens, speziell wegen der entscheidenen Rolle in bezug auf die christliche Erziehung der Kinder.[88] In diesem Zusammenhang hat die Synode auch empfohlen, die einzigartige Aufgabe der Frau in der Familie und in der Gesellschaft anzuerkennen — eine Aufgabe, die verteidigt, bewahrt und gefördert werden

---

[86] Vgl. *Propositio* 8.
[87] Vgl. ZWEITES VATIKANISCHES KONZIL, Dogm. Konst. über die Kirche *Lumen gentium*, 11.
[88] Vgl. *Propositio* 8.

muß.[89] Ihr Dasein als Ehefrau und Mutter stellt eine unumgängliche Realität dar, die niemals abgewertet werden darf.

Eucharistie und Einzigkeit der Ehe

28. Gerade im Licht dieser inneren Beziehung von Ehe, Familie und Eucharistie kann man einige pastorale Probleme betrachten. Die treue, unauflösliche und ausschließliche Bindung, die Christus und die Kirche miteinander vereint und die ihren sakramentalen Ausdruck in der Eucharistie findet, entspricht einer ursprünglichen anthropologischen Gegebenheit, nach der der Mann sich definitiv an eine einzige Frau binden soll und umgekehrt (vgl. *Gen* 2,24; *Mt* 19,5). In diesem gedanklichen Zusammenhang hat sich die Synode auseinandergesetzt mit dem Thema der pastoralen Praxis gegenüber denjenigen, die aus Kulturen stammen, in denen die Polygamie praktiziert wird, und die dann der Verkündigung des Evangeliums begegnen. Solchen Personen muß, wenn sie sich dem christlichen

---

[89] Vgl. JOHANNES PAUL II., Apostolisches Schreiben *Mulieris dignitatem* (15. August 1988): *AAS* 80 (1988), 1653-1729; KONGREGATION FÜR DIE GLAUBENSLEHRE, *Schreiben an die Bischöfe der Katholischen Kirche über die Zusammenarbeit von Mann und Frau in der Kirche und in der Welt* (31. Mai 2004): *AAS* 96 (2004), 671-687.

Glauben öffnen, geholfen werden, ihr menschliches Vorhaben in die radikale Neuheit Christi zu integrieren. Während des Katechumenats holt Christus sie in ihrer spezifischen Lage ab und ruft sie im Hinblick auf die vollkommene kirchliche Gemeinschaft über den Weg der notwendigen Verzichte zur vollen Wahrheit der Liebe. Die Kirche begleitet sie mit einer liebevoll-milden und zugleich kompromißlosen Seelsorge,[90] vor allem, indem sie ihnen zeigt, in welchem Licht die christlichen Mysterien die menschliche Natur und die menschlichen Gefühle erstrahlen lassen.

Eucharistie und Unauflöslichkeit der Ehe

29. Wenn die Eucharistie die Unwiderruflichkeit der Liebe Gottes in Christus zu seiner Kirche ausdrückt, wird verständlich, warum sie in Beziehung zum Sakrament der Ehe jene Unauflöslichkeit einschließt, nach der sich jede wahre Liebe unweigerlich sehnt.[91] Darum ist die pastorale Aufmerksamkeit mehr als gerechtfertigt, die die Synode den schmerzlichen Situationen gewidmet hat, in denen sich nicht wenige Gläubige befinden, die sich nach einer sakramentalen Trauung haben scheiden lassen

---

[90] Vgl. *Propositio* 9.
[91] Vgl. *Katechismus der Katholischen Kirche*, 1640.

und eine neue Verbindung eingegangen sind. Es handelt sich um ein dornenreiches und kompliziertes pastorales Problem, eine wahre Plage des heutigen sozialen Umfelds, die in zunehmendem Maße auch auf katholische Kreise übergreift. Die Hirten sind aus Liebe zur Wahrheit verpflichtet, die verschiedenen Situationen genau zu unterscheiden, um den betroffenen Gläubigen in angemessener Weise geistlich zu helfen.[92] Die Bischofssynode hat die auf die Heilige Schrift (vgl. *Mc* 10,2-12) gegründete Praxis der Kirche, wiederverheiratete Geschiedene nicht zu den Sakramenten zuzulassen, bestätigt, weil ihr Status und ihre Lebenslage objektiv jener Liebesvereinigung zwischen Christus und seiner Kirche widersprechen, die in der Eucharistie bedeutet und verwirklicht wird. Die wiederverheirateten Geschiedenen gehören jedoch trotz ihrer Situation weiter zur Kirche, die ihnen mit spezieller Aufmerksamkeit nachgeht, in dem Wunsch, daß sie so weit als möglich einen christlichen Lebensstil pflegen durch die Teilnahme an der heiligen Messe,

---

[92] Vgl. JOHANNES PAUL II., Nachsynodales Apostolisches Schreiben *Familiaris consortio* (22. November 1981), 84: *AAS* 74 (1982), 184-186; KONGREGATION FÜR DIE GLAUBENSLEHRE, Schreiben an die Bischöfe der Katholischen Kirche über den Kommunionempfang von wiederverheirateten Geschiedenen *Annus Internationalis Familiae* (14. September 1994): *AAS* 86 (1994), 974-979.

wenn auch ohne Kommunionempfang, das Hören des Wortes Gottes, die eucharistische Anbetung, das Gebet, die Teilnahme am Gemeindeleben, das vertrauensvolle Gespräch mit einem Priester oder einem geistlichen Führer, hingebungsvoll geübte Nächstenliebe, Werke der Buße und den Einsatz in der Erziehung der Kinder.

Wo berechtigte Zweifel an der Gültigkeit der sakramental geschlossenen Ehe aufkommen, muß das Notwendige unternommen werden, um deren Fundierung zu überprüfen. Sodann ist es nötig, unter voller Beachtung des kanonischen Rechts[93] das Vorhandensein kirchlicher Gerichte im jeweiligen Gebiet sowie ihren pastoralen Charakter und ihr korrektes und schnelles Handeln sicherzustellen.[94] Für eine zügige Arbeitsweise der kirchlichen Gerichte bedarf es in jeder Diözese einer ausreichenden Anzahl entsprechend ausgebildeter Personen. Ich erinnere daran, daß es „eine dringende Pflicht ist, den Gläubigen das institutionelle Wirken der Kirche in den Gerichten immer näher zu brin-

---

[93] Vgl. PÄPSTLICHER RAT FÜR DIE INTERPRETATION VON GESETZESTEXTEN, Instruktion, die von den diözesanen und interdiözesanen Gerichten bei Ehenichtigkeitsverfahren zu beachten ist *Dignitatis connubii* (25. Januar 2005), Vatikanstadt 2005.

[94] Vgl. *Propositio* 40.

gen".[95] Es ist jedoch unbedingt zu vermeiden, daß die pastorale Sorge als Gegenposition zum Recht mißdeutet wird. Man sollte vielmehr von der Voraussetzung ausgehen, daß der grundlegende Berührungspunkt zwischen Recht und Pastoral die *Liebe zur Wahrheit* ist: Diese ist nämlich niemals abstrakt, sondern „fügt sich in den menschlichen und christlichen Weg jedes Gläubigen ein".[96] Wo schließlich die Ehenichtigkeit nicht anerkannt wird und objektive Bedingungen gegeben sind, die das Zusammenleben tatsächlich irreversibel machen, ermutigt die Kirche jene Gläubigen, ihre Beziehung entsprechend den Anforderungen des Gesetzes Gottes als Freunde, wie Bruder und Schwester, zu leben; so können sie — unter Berücksichtigung der bewährten kirchlichen Praxis — wieder am eucharistischen Mahl teilnehmen. Damit ein solcher Weg möglich ist und fruchtbar wird, muß er durch die Hilfe der Seelsorger und durch geeignete kirchliche Initiativen unterstützt werden, wobei in jedem Fall zu vermeiden ist, diese Verbindungen zu segnen, damit unter den Gläubigen keine Verwirrungen in bezug auf den Wert der Ehe aufkommen.[97]

---

[95] BENEDIKT XVI., Ansprache an die Mitglieder der Römischen Rota zur feierlichen Eröffnung des Gerichtsjahres (28. Januar 2006): *AAS* 98 (2006), 138.
[96] Vgl. *Propositio* 40.
[97] Vgl. *Ebd.*

Angesichts der Vielschichtigkeit des kulturellen Umfelds, in der die Kirche in vielen Ländern lebt, hat die Synode zudem empfohlen, in der Vorbereitung der Brautleute und in der vorausgehenden Prüfung ihrer Ansichten über die für die Gültigkeit des Ehesakraments unverzichtbaren Verpflichtungen größte pastorale Sorgfalt walten zu lassen. Durch eine ernsthafte Klärung in diesem Punkt kann vermieden werden, daß emotive Impulse oder oberflächliche Gründe die beiden jungen Leute dazu führen, Verantwortungen zu übernehmen, denen sie dann nicht gerecht werden können.[98] Das Gute, das die Kirche und die ganze Gesellschaft von der Ehe und der auf sie gegründeten Familie erwarten, ist zu groß, um sich in diesem spezifischen pastoralen Bereich nicht bis zum Grunde einzusetzen. Ehe und Familie sind Einrichtungen, die gefördert und gegen jegliches Mißverständnis bezüglich ihrer Grundwahrheit verteidigt werden müssen, denn jeder Schaden, der ihnen zugefügt wird, ist in der Tat eine Verletzung, die dem menschlichen Zusammenleben als solchem beigebracht wird.

---

[98] Vgl. *Ebd.*

Eucharistie und Eschatologie

Eucharistie: Geschenk an den Menschen unterwegs

30. Wenn es wahr ist, daß die Sakramente eine Wirklichkeit sind, die der in der Zeit pilgernden Kirche zugehört,[99] welche der vollen Offenbarung des Sieges des auferstandenen Christus entgegengeht, so ist es jedoch ebenso wahr, daß uns — speziell in der eucharistischen Liturgie — ein Vorgeschmack der eschatologischen Erfüllung gewährt wird, zu der jeder Mensch und die ganze Schöpfung unterwegs ist (vgl. *Röm* 8,19ff). Der Mensch ist für die wirkliche und ewige Glückseligkeit geschaffen, die allein die Liebe Gottes geben kann. Aber unsere angeschlagene Freiheit würde sich verlieren, wenn es nicht möglich wäre, schon jetzt etwas von der zukünftigen Vollendung zu erfahren. Im übrigen muß jeder Mensch, um in die rechte Richtung gehen zu können, auf das Endziel hin ausgerichtet werden. Diese letzte Bestimmung ist in Wirklichkeit Christus, der Herr, selbst, der Sieger über Sünde und Tod, der für uns in besonderer Weise gegenwärtig wird in der Eucharistiefeier. So haben wir, obwohl noch „Fremde und Gäste in dieser Welt" (*1 Petr* 2,11), im Glauben bereits

---

[99] Vgl. ZWEITES VATIKANISCHES KONZIL, Dogm. Konst. über die Kirche *Lumen gentium*, 48.

Anteil an der Fülle des auferstandenen Lebens. Indem das eucharistische Mahl seine stark eschatologische Dimension offenbart, kommt es unserer Freiheit, die noch auf dem Wege ist, zu Hilfe.

Das eschatologische Mahl

31. Wenn wir über dieses Geheimnis nachdenken, können wir sagen, daß Jesus sich mit seinem Kommen in Beziehung zu der Erwartung gesetzt hat, die im Volk Israel, in der gesamten Menschheit und im Grunde sogar in der Schöpfung zugegen ist. Mit seiner Selbsthingabe hat er objektiv das eschatologische Zeitalter eröffnet. Christus ist gekommen, um das zerstreute Gottesvolk zusammenzurufen (vgl. *Joh* 11,52), und hat seine Absicht deutlich gemacht, die Gemeinde des Bundes zu versammeln, um die Verheißungen Gottes an die Väter zu erfüllen (vgl. *Jer* 23,3; 31,10; *Lk* 1,55.70). In der Berufung der Zwölf — eine Bezugnahme auf die zwölf Stämme Israels — und in der ihnen beim Letzten Abendmahl vor seinem erlösenden Leiden anvertrauten Aufgabe, sein Gedächtnis zu feiern, hat Jesus gezeigt, daß er den Auftrag, in der Geschichte Zeichen und Werkzeug der in ihm begonnenen eschatologischen Versammlung zu sein, auf die ganze von ihm gegründete Gemeinde übertragen wollte. Darum verwirklicht sich auf sakramentale Weise in jeder Eucharistiefeier die eschatologische Zusammenkunft des Gottesvolkes. Das eucharistische Mahl ist für uns eine reale Vorwegnahme des endgültigen Festmahles, das von den Propheten angekündigt (vgl. *Jes* 25,6-9) und im Neuen Testament als „Hochzeitsmahl des Lammes" (vgl. *Offb* 19,7-9) beschrieben wird; es soll in der Freude der Gemeinschaft der Heiligen gefeiert werden.[100]

Das Gebet für die Verstorbenen

32. Die Eucharistiefeier, in der wir den Tod des Herrn verkünden, seine Auferstehung preisen und auf seine Wiederkunft warten, ist ein Unterpfand der zukünftigen Herrlichkeit, in der auch unser Leib verherrlicht sein wird. Indem wir das Gedächtnis unseres Heiles feiern, stärkt sich in uns die Hoffnung auf die Auferstehung des Fleisches und auf die Möglichkeit, denjenigen wieder von Angesicht zu Angesicht zu begegnen, die uns im Zeichen des Glaubens vorangegangen sind. Aus dieser Sicht möchte ich gemeinsam mit den Synodenvätern alle Gläubigen an die Wichtigkeit des Fürbittgebetes — insbesondere der Meßfeiern — für die Verstorbenen erinnern, damit sie geläutert

---

[100] Vgl. *Propositio* 3.

zur seligen Schau Gottes gelangen können.[101] Wenn wir die eschatologische Dimension wiederentdecken, die der gefeierten und angebeteten Eucharistie innewohnt, werden wir unterstützt auf unserem Weg und getröstet in der Hoffnung auf die Herrlichkeit (vgl. *Röm* 5,2; *Tit* 2,13).

DIE EUCHARISTIE UND DIE JUNGFRAU MARIA

33. Aus der Beziehung zwischen der Eucharistie und den einzelnen Sakramenten und aus der eschatologischen Bedeutung der Mysterien geht das Profil der christlichen Existenz in seiner Ganzheit hervor — einer Existenz, die berufen ist, in jedem Augenblick Gottesdienst zu sein, ein Gott wohlgefälliges Opfer der Selbsthingabe. Und wenn wir auch alle noch unterwegs sind zur ganzen Erfüllung unserer Hoffnung, heißt das nicht, daß wir nicht schon jetzt dankbar anerkennen können, daß alles, was Gott uns geschenkt hat, in der Jungfrau Maria, der Mutter Gottes und unserer Mutter, seine voll-

---

[101] Ich möchte hier an die Worte voller Hoffnung und Trost erinnern, die wir im Zweiten Eucharistischen Hochgebet finden: *„Gedenke unserer Brüder und Schwestern, die entschlafen sind in der Hoffnung, daß sie auferstehen. Nimm sie und alle, die in deiner Gnade aus dieser Welt geschieden sind, in dein Reich auf, wo sie dich schauen von Angesicht zu Angesicht."*

kommene Verwirklichung gefunden hat: Ihre Aufnahme in den Himmel mit Leib und Seele ist für uns ein Zeichen sicherer Hoffnung, insofern es uns Pilgern in der Zeit jenes eschatologische Ziel anzeigt, von dem uns das Sakrament der Eucharistie schon jetzt einen Vorgeschmack gibt.

In der heiligen Jungfrau sehen wir auch die sakramentale Weise, mit der Gott das Geschöpf Mensch erreicht und in seine Heilsinitiative einbezieht, gänzlich erfüllt. Von der Verkündigung bis zum Pfingstereignis erscheint Maria von Nazaret als die Person, deren Freiheit sich ganz und gar dem Willen Gottes anpaßt. Ihre unbefleckte Empfängnis offenbart sich im eigentlichen Sinn in der unbedingten Verfügbarkeit gegenüber dem göttlichen Wort. In jedem Augenblick ist ihr Leben geprägt von einem gehorsamen Glauben angesichts des Handelns Gottes. Als die hörende Jungfrau lebt sie in vollkommenem Einklang mit dem göttlichen Willen; die Worte, die ihr von Gott zukommen, bewahrt sie in ihrem Herzen, und indem sie sie wie zu einem Mosaik zusammensetzt, lernt sie sie tiefer verstehen (vgl. *Lk* 2,19.51); Maria ist die große Glaubende, die sich vertrauensvoll in die Hände Gottes gibt und sich seinem Willen überläßt.[102]

---

[102] Vgl. BENEDIKT XVI., *Homilie* (8. Dezember 2005): *AAS* 98 (2006), 15-16.

Dieses Geheimnis verdichtet sich bis zur vollen Einbeziehung in den Erlösungsauftrag Jesu. Wie das Zweite Vatikanische Konzil erklärt hat, ging „die selige Jungfrau Maria den Pilgerweg des Glaubens. Ihre Vereinigung mit dem Sohn hielt sie in Treue bis zum Kreuz, wo sie nicht ohne göttliche Absicht stand (vgl. *Joh* 19,25), heftig mit ihrem Eingeborenen litt und sich mit seinem Opfer in mütterlichem Geist verband, indem sie der Opferung dessen, den sie geboren hatte, liebevoll zustimmte. Und schließlich wurde sie von Christus Jesus selbst, als er am Kreuz starb, dem Jünger zur Mutter gegeben mit den Worten: Frau, siehe da dein Sohn".[103] Von der Verkündigung bis zum Kreuz ist Maria diejenige, die das WORT aufnimmt — das WORT, das in ihr Fleisch annimmt und am Ende verstummt im Schweigen des Todes. Sie ist es schließlich, die in ihre Arme den bereits leblosen hingegebenen Leib dessen aufnimmt, der die Seinen wirklich „bis zu Vollendung" (*Joh* 13,1) geliebt hat.

Darum wenden wir uns jedesmal, wenn wir in der Eucharistiefeier den Leib und das Blut Christi empfangen, auch an sie, die in voller Zustimmung das Opfer Christi für die ganze Kirche angenommen hat. Zu Recht haben die Synodenväter bekräf-

---

[103] Dogm. Konst. über die Kirche *Lumen gentium*, 58.

tigt, daß „Maria die Teilnahme der Kirche am Opfer des Erlösers eröffnet".[104] Sie ist die Unbefleckte, die die Gabe Gottes bedingungslos annimmt und auf diese Weise am Heilswerk beteiligt wird. Maria von Nazaret, die Ikone der entstehenden Kirche, ist das Vorbild dafür, wie jeder von uns das Geschenk empfangen soll, zu dem Jesus in der Eucharistie sich selbst macht.

---

[104] *Propositio* 4.

ZWEITER TEIL

EUCHARISTIE, EIN GEHEIMNIS, DAS MAN FEIERT

»Amen, amen, ich sage euch: Nicht Mose hat euch das Brot vom Himmel gegeben, sondern mein Vater gibt euch das wahre Brot vom Himmel« (*Joh* 6,32)

Lex orandi und *lex credendi*

34. Die Bischofssynode hat viel über die innere Beziehung zwischen eucharistischem Glauben und liturgischer Feier nachgedacht. Sie hat dabei die Verknüpfung von *lex orandi* und *lex credendi* hervorgehoben und den Vorrang der *liturgischen Handlung* betont. Man muß die Eucharistie als authentisch gefeiertes Glaubensgeheimnis erleben, in dem klaren Bewußtsein, daß „der *intellectus fidei* immer ursprünglich in Beziehung steht zur liturgischen Handlung der Kirche".[105] In diesem Bereich kann

---

[105] *Relatio post disceptationem*, 4: *L'Osservatore Romano* (14. Oktober 2005), S. 5.

die theologische Reflexion niemals von der sakramentalen Ordnung absehen, die von Christus selbst eingesetzt ist. Andererseits kann die liturgische Handlung niemals allgemein betrachtet werden, unabhängig vom Glaubensgeheimnis. Die Quelle unseres Glaubens und der eucharistischen Liturgie ist ja ein und dasselbe Ereignis: die Selbsthingabe Christi im Pascha-Mysterium.

Schönheit und Liturgie

35. Die Beziehung zwischen geglaubtem und gefeiertem Mysterium zeigt sich in besonderer Weise im theologischen und liturgischen Wert der Schönheit. Die Liturgie hat nämlich, wie übrigens auch die christliche Offenbarung, eine innere Verbindung zur Schönheit: Sie ist *veritatis splendor*. In der Liturgie leuchtet das Pascha-Mysterium auf, durch das Christus selbst uns zu sich hinzieht und uns zur Gemeinschaft ruft. In Jesus betrachten wir — wie der hl. Bonaventura zu sagen pflegte — die Schönheit und den Glanz des Ursprungs.[106] Dieses Merkmal, auf das wir uns berufen, ist nicht

---

[106] Vgl. *Serm.* 1,7; 11,10; 22,7; 29,76: *Sermones dominicales ad fidem codicum nunc denuo editi*, Grottaferrata 1977, S. 135, 209f, 292f, 337; BENEDIKT XVI., Botschaft an die kirchlichen Bewegungen und an die neuen Gemeinschaften (22. Mai 2006): *AAS* 98 (2006), 463.

nur bloßer Ästhetizismus, sondern eine Art und Weise, wie die Wahrheit der Liebe Gottes in Christus uns erreicht, uns fasziniert, uns begeistert und so bewirkt, daß wir aus uns herausgehen und zu unserer wahren Berufung hingezogen werden: zur Liebe.[107] Schon in der Schöpfung läßt Gott sich erahnen in der Schönheit und der Harmonie des Kosmos (vgl. *Weish* 13,5; *Röm* 1,19-20). Im Alten Testament finden wir dann eingehende Zeichen des Glanzes der Macht Gottes, der sich mit seiner Herrlichkeit durch die Wunder offenbart, die er im erwählten Volk geschehen läßt (vgl. *Ex* 14; 16,10; 24,12-18; *Num* 14,20-23). Im Neuen Testament findet diese Epiphanie der Schönheit ihre endgültige Erfüllung in der Selbstmitteilung Gottes in Jesus Christus:[108] Er ist die vollständige Offenbarung der göttlichen Herrlichkeit. In der Verherrlichung des Sohnes leuchtet die Herrlichkeit des Vaters auf und überträgt sich (vgl. *Joh* 1,14; 8,54; 12,28; 17,1). Diese Schönheit ist jedoch nicht eine bloße Harmonie der Formen; „der Schönste von allen Menschen" (*Ps* 45 [44],3) ist geheimnisvollerweise auch

---

[107] Vgl. ZWEITES VATIKANISCHES KONZIL, Past. Konst. über die Kirche in der Welt von heute *Gaudium et spes*, 22.
[108] Vgl. ZWEITES VATIKANISCHES KONZIL, Dogm. Konst. über die göttliche Offenbarung *Dei Verbum*, 2.4.

derjenige, der „keine schöne und edle Gestalt" hatte, „so daß wir ihn anschauen mochten" (*Jes* 53,2). Jesus Christus zeigt uns, wie die Wahrheit der Liebe auch das dunkle Geheimnis des Todes in das strahlende Licht der Auferstehung zu verklären vermag. Hier überragt der Glanz der Herrlichkeit Gottes jede innerweltliche Schönheit. Die wahre Schönheit ist die Liebe Gottes, die sich uns endgültig im Pascha-Mysterium offenbart hat.

Die Schönheit der Liturgie ist Teil dieses Geheimnisses; sie ist höchster Ausdruck der Herrlichkeit Gottes und stellt in gewissem Sinne ein Sich-Herunterbeugen des Himmels auf die Erde dar. Die Gedenkfeier des Erlösungsopfers trägt die Züge jener Schönheit Jesu in sich, die Petrus, Jakobus und Johannes uns bezeugt haben, als der Meister sich auf dem Weg nach Jerusalem vor ihnen verklärte (vgl. *Mk* 9,2). Die Schönheit ist demnach nicht ein dekorativer Faktor der liturgischen Handlung; sie ist vielmehr ein für sie konstitutives Element, insofern sie eine Eigenschaft Gottes selbst und seiner Offenbarung ist. All das muß uns bewußt machen, mit welcher Sorgfalt darauf zu achten ist, daß die liturgische Handlung ihrem Wesen gemäß erstrahlt.

Die Eucharistiefeier, ein Werk des „Christus totus"

Christus totus in capite et in corpore

36. Das eigentliche Subjekt der inneren Schönheit der Liturgie ist der auferstandene und im Heiligen Geist verherrlichte Christus, der die Kirche in sein Handeln einschließt.[109] In diesem Zusammenhang ist es recht eindrucksvoll, sich die Worte des hl. Augustinus ins Gedächtnis zu rufen, die in wirkungsvoller Weise diese der Eucharistie eigene Dynamik des Glaubens beschreiben. Der große Heilige von Hippo hebt gerade in bezug auf das eucharistische Mysterium hervor, wie Christus selbst uns in sich aufnimmt: „Das Brot, das ihr auf dem Altar seht, ist, geheiligt durch das Wort Gottes, der Leib Christi. Der Kelch, oder besser: das, was der Kelch enthält, ist, geheiligt durch das Wort Gottes, Blut Christi. Mit diesen [Zeichen] wollte Christus, der Herr, uns seinen Leib anvertrauen und sein Blut, das er für uns zur Vergebung der Sünden vergossen hat. Wenn ihr beides in rechter Weise empfangen habt, seid ihr selber das, was ihr empfangen habt".[110] Darum „sind wir nicht nur Christen geworden, sondern wir sind

---

[109] Vgl. *Propositio* 33.
[110] *Sermo* 227,1: *PL* 38, 1099.

Christus selbst geworden".[111] Von hier aus können wir das geheimnisvolle Handeln Gottes betrachten, das zur tiefen Einheit zwischen uns und Jesus, dem Herrn, führt: „Man muß nämlich nicht glauben, Christus sei im Haupt, ohne auch im Leib zu sein: Er ist ganz und gar im Haupt und im Leib".[112]

Eucharistie und der auferstandene Christus

37. Da die eucharistische Liturgie wesentlich *actio Dei* ist, die uns durch den Heiligen Geist in Jesus hineinzieht, steht ihr Fundament nicht unserer Willkür zur Verfügung und darf nicht die Erpressung durch Modeströmungen des jeweiligen Augenblicks erfahren. Auch hier gilt die unumstößliche Aussage des hl. Paulus: „Einen anderen Grund kann niemand legen als den, der gelegt ist: Jesus Christus" (*1 Kor* 3,11). Und wiederum ist es der Völkerapostel, der uns in Bezug auf die Eucharistie versichert, er überliefere uns nicht eine von ihm selbst entwickelte Lehre, sondern das, was er seinerseits empfangen habe (vgl. *1 Kor* 11,23). Die Feier der Eucharistie schließt nämlich die lebendige Überlieferung ein. Die Kirche feiert das eucharistische Opfer im Gehorsam gegenüber dem Auftrag

---

[111] AUGUSTINUS, *In Iohannis Evangelium Tractatus*, 21,8: *PL* 35, 1568.
[112] *Ebd.*, 28,1: *PL* 35, 1622.

Christi, ausgehend von der Erfahrung des Auferstandenen und der Ausgießung des Heiligen Geistes. Aus diesem Grund versammelt sich die christliche Gemeinde zur *fractio panis* von Anfang an am Tag des Herrn. Der Tag, an dem Christus von den Toten auferstanden ist, der Sonntag, ist auch der erste Tag der Woche, derjenige, in dem die alttestamentliche Überlieferung den Beginn der Schöpfung sah. Der Tag der Schöpfung ist nun der Tag der „neuen Schöpfung" geworden, der Tag unserer Befreiung, an dem wir des gestorbenen und auferstandenen Christus gedenken.[113]

Ars celebrandi

38. Während der Synodenarbeit ist mehrfach nachdrücklich auf die Notwendigkeit hingewiesen worden, jede mögliche Trennung zwischen der *ars celebrandi*, d. h. der Kunst des rechten Zelebrierens, und der vollen, aktiven und fruchtbaren Teilnahme aller Gläubigen zu überwinden. Tatsächlich ist die geeignetste Methode, die Teilnahme des Gottesvolkes am sakralen Ritus zu begünstigen, den Ritus

---

[113] Vgl. *Propositio* 30. Auch die heilige Messe, die die Kirche während der Woche feiert und die Gläubigen zur Teilnahme einlädt, findet ihre eigentliche Form im Tag des Herrn, im Tag der Auferstehung Christi: *Propositio* 43.

selbst in angemessener Weise zu feiern. Die *ars celebrandi* ist die beste Bedingung für die *actuosa participatio*.[114] Die *ars celebrandi* entspringt aus dem treuen Gehorsam gegenüber den liturgischen Normen in ihrer Vollständigkeit, denn gerade diese Art zu zelebrieren ist es, die seit zweitausend Jahren das Glaubensleben aller Gläubigen sicherstellt, die dazu berufen sind, die Zelebration als Gottesvolk, als königliches Priestertum, als heiliger Stamm zu erleben (vgl. *1 Petr* 2,4-5.9).[115]

Der Bischof, Liturge schlechthin

39. Auch wenn das ganze Gottesvolk an der eucharistischen Liturgie teilnimmt, kommt jedoch in bezug auf die rechte *ars celebrandi* denen, die das Sakrament der Weihe empfangen haben, eine unumgängliche Aufgabe zu. Bischöfe, Priester und Diakone müssen — jeder seinem Grad entsprechend — die Zelebration als ihre Hauptpflicht betrachten.[116] Das betrifft vor allem den Diözesanbi-

---

[114] Vgl. *Propositio* 2.
[115] Vgl. *Propositio* 25.
[116] Vgl. *Propositio* 19. Die *Propositio* 25 sagt dazu genauer: „Eine authentische liturgische Handlung drückt die Heiligkeit des eucharistischen Mysteriums aus. Diese müßte in den Worten und in den Handlungen des zelebrierenden Priesters durchscheinen, während er sowohl mit den Gläubigen als auch für sie bei Gott Vater Fürbitte leistet.

schof: Er ist nämlich „der erste Spender der Geheimnisse Gottes in der ihm anvertrauten Teilkirche, ist der Leiter, Förderer und Hüter des gesamten liturgischen Lebens".[117] All das ist für das Leben der Teilkirche entscheidend, nicht nur, weil die Gemeinschaft mit dem Bischof die Bedingung für die Gültigkeit jeder Zelebration auf seinem Gebiet ist, sondern auch, weil er selbst der Liturge seiner Kirche schlechthin ist.[118] Ihm obliegt es, die harmonische Einheit der Zelebrationen in seiner Diözese zu bewahren. Darum ist es „seine Sache, darauf zu achten, daß die Priester, die Diakone und die christgläubigen Laien den eigentlichen Sinn der liturgischen Riten und Texte immer tiefer verstehen und so zur tätigen und fruchtbaren Feier der Eucharistie geführt werden".[119] Im besonderen ermahne ich, das Nötige zu tun, damit die vom Bischof abgehaltenen liturgischen Feiern in der Kathedral-Kirche in voller Beachtung der *ars*

---

[117] *Allgemeine Einführung in das Römische Meßbuch*, 22; Vgl. ZWEITES VATIKANISCHES KONZIL, Konst. über die heilige Liturgie *Sacrosanctum Concilium*, 41; KONGREGATION FÜR DEN GOTTESDIENST UND DIE SAKRAMENTENORDNUNG, Instruktion *Redemptionis Sacramentum* (25. März 2004), 19-25: *AAS* 96 (2004), 555-557.

[118] Vgl. ZWEITES VATIKANISCHES KONZIL, Dekret über die Hirtenaufgabe in der Kirche *Christus Dominus*, 14; Konst. über die heilige Liturgie *Sacrosanctum Concilium*, 41.

[119] *Allgemeine Einführung in das Römische Meßbuch*, 22.

celebrandi geschehen, so daß sie als Vorbild für alle über das Gebiet verstreuten Kirchen betrachtet werden können.[120]

Die Beachtung der liturgischen Bücher und des Reichtums der Zeichen

40. Mit der Betonung der Wichtigkeit der *ars celebrandi* wird folglich auch die Bedeutung der liturgischen Vorschriften deutlich.[121] Die *ars celebrandi* muß das Gespür für das Heilige fördern und sich äußerer Formen bedienen, die zu diesem Gespür erziehen, zum Beispiel der Harmonie des Ritus, der liturgischen Gewänder, der Ausstattung und des heiligen Ortes. Dort, wo die Priester und die für die liturgische Pastoral Verantwortlichen sich bemühen, die gültigen liturgischen Bücher und die entsprechenden Vorschriften bekannt zu machen und den großen Reichtum der *Allgemeinen Einführung in das Römische Meßbuch* und der *Leseordnung für die Feier der heiligen Messe* hervorheben, gereicht das der Eucharistiefeier sehr zum Vorteil. In den kirchlichen Gemeinschaften setzt man deren Kenntnis und rechte Wertschätzung wahrscheinlich voraus, doch oft zu Unrecht. In Wirklichkeit

---

[120] Vgl. *Ebd.*
[121] Vgl. *Propositio* 25.

sind es Texte, welche Schätze enthalten, die den Glauben und den Weg des Gottesvolkes in den zweitausend Jahren seiner Geschichte bewahren und darstellen. Ebenso wichtig für eine rechte *ars celebrandi* ist die Beachtung aller von der Liturgie vorgesehenen Ausdrucksformen: Wort und Gesang, Gesten und Schweigen, Körperbewegung, liturgische Farben der Paramente. Die Liturgie besitzt tatsächlich von Natur aus eine Vielfalt von Registern zur Mitteilung, die es ihr ermöglichen, die Einbeziehung des ganzen Menschen anzustreben. Die Einfachheit der Gesten und die Nüchternheit der in der vorgesehenen Reihenfolge und im gegebenen Moment gesetzten Zeichen vermitteln mehr und beteiligen stärker als die Künstlichkeit unangebrachter Hinzufügungen. Achtung und Folgsamkeit gegenüber der Eigenstruktur des Ritus drücken die Anerkennung des Geschenk-Charakters der Eucharistie aus und offenbaren zugleich den Willen des Priesters, in Demut und Dankbarkeit die unbeschreibliche Gabe anzunehmen.

Kunst im Dienst der Zelebration

41. Die tiefe Verbindung von Schönheit und Liturgie muß uns zu einer aufmerksamen Betrachtung aller in den Dienst der Zelebration gestellten künstlerischen Ausdrucksmittel anregen.[122] Eine wichtige Komponente sakraler Kunst ist natürlich die *Architektur* der Kirchen,[123] in denen die Einheit der besonderen Elemente des Presbyteriums — Altar, Kruzifix, Tabernakel, Ambo und Sitz — hervortreten muß. In diesem Zusammenhang muß man berücksichtigen, daß der Zweck der sakralen Architektur darin besteht, der Kirche, welche die Glaubensgeheimnisse — und speziell die Eucharistie — feiert, den am besten geeigneten Raum für den angemessenen Ablauf ihrer liturgischen Handlung zu bieten.[124] Das Wesen des christlichen Gotteshauses ist nämlich durch die liturgische Handlung selbst definiert, die das Sich-Versammeln der Gläubigen (*ecclesia*) einschließt, welche die lebendigen Steine des Tempels sind (vgl. *1 Petr* 2,5).

Das gleiche Prinzip gilt allgemein für alle sakrale Kunst, besonders für Malerei und Bildhauerei, in denen die religiöse Ikonographie sich an der sakramentalen Mystagogie orientieren muß. Eine vertiefte Kenntnis der Formen, welche die sakrale Kunst im Laufe der Jahrhunderte hervorgebracht hat, kann denen sehr hilfreich sein, die gegenüber Ar-

---

[122] Vgl. ZWEITES VATIKANISCHES KONZIL, Konst. über die heilige Liturgie *Sacrosanctum Concilium* 112-130.
[123] Vgl. *Propositio* 27.
[124] Vgl. *Ebd.*

chitekten und Künstlern die Verantwortung der Auftragsvergabe für Kunstwerke haben, die mit der liturgischen Handlung verbunden sind. Darum ist es unverzichtbar, daß zur Ausbildung der Seminaristen und der Priester als wichtige Disziplin die Kunstgeschichte gehört, mit einem besonderen Verweis auf die kultischen Bauten im Licht der liturgischen Vorschriften. Kurzum, es ist notwendig, daß in allem, was die Eucharistie betrifft, guter Geschmack für das Schöne herrsche. Achtung und Sorgfalt müssen auch den Paramenten, den Kirchengeräten und den heiligen Gefäßen gelten, damit sie, organisch miteinander verbunden und aufeinander abgestimmt, das Staunen angesichts des Mysteriums Gottes lebendig halten, die Einheit des Glaubens verdeutlichen und die Frömmigkeit stärken.[125]

Der liturgische Gesang

42. Einen bedeutenden Platz in der *ars celebrandi* nimmt der liturgische Gesang ein.[126] Zu

---

[125] Für alles, was diese Aspekte betrifft, sollte man sich treu an die Hinweise in der *Allgemeinen Einführung in das Römische Meßbuch* halten, 319-351.

[126] Vgl. *Allgemeine Einführung in das Römische Meßbuch*, 39-41; ZWEITES VATIKANISCHES KONZIL, Konst. über die heilige Liturgie *Sacrosanctum Concilium*, 112-118.

Recht bekräftigt der hl. Augustinus in einer seiner berühmten Reden: „Der neue Mensch weiß, welches das neue Lied ist. Das Singen ist Ausdruck der Freude und — wenn wir ein wenig aufmerksamer darüber nachdenken — ist Ausdruck der Liebe".[127] Das zur Feier versammelte Gottesvolk singt das Lob Gottes. Die Kirche hat in ihrer zweitausendjährigen Geschichte Instrumental- und Vokalmusik geschaffen — und schafft sie immer noch —, die ein Erbe an Glauben und Liebe darstellt, das nicht verlorengehen darf. In der Liturgie können wir wahrlich nicht sagen, daß alle Gesänge gleich gut sind. In diesem Zusammenhang muß die oberflächliche Improvisation oder die Einführung musikalischer Gattungen vermieden werden, die den Sinn der Liturgie nicht berücksichtigen. In seiner Eigenschaft als liturgisches Element hat sich der Gesang in die besondere Form der Zelebration einzufügen.[128] Folglich muß alles — im Text, in der Melodie und in der Ausführung — dem Sinn des gefeierten Mysteriums, den Teilen des Ritus und

---

[127] *Sermo* 34,1: *PL* 38, 210.
[128] Vgl. *Propositio* 25: „Wie alle künstlerischen Ausdrucksmittel, muß auch der Gesang zutiefst mit der Liturgie in Einklang gebracht werden, wirksam ihren Zweck verfolgen, das heißt er muß den Glauben, das Gebet, das Staunen und die Liebe zum in der Eucharistie gegenwärtigen Jesus ausdrükken."

den liturgischen Zeiten entsprechen.[129] Schließlich möchte ich, obwohl ich die verschiedenen Orientierungen und die sehr lobenswerten unterschiedlichen Traditionen berücksichtige, daß entsprechend der Bitte der Synodenväter der gregorianische Choral angemessen zur Geltung gebracht wird,[130] da dies der eigentliche Gesang der römischen Liturgie ist.[131]

Die Struktur der Eucharistiefeier

43. Nachdem ich die tragenden Elemente der *ars celebrandi* erwähnt habe, möchte ich die Aufmerksamkeit eingehender auf einige Teile der Struktur der Eucharistiefeier lenken, die in unserer Zeit einer besonderen Sorgfalt bedürfen, mit dem Ziel, dem Grundanliegen der vom Zweiten Vatikanischen Konzil angeregten liturgischen Erneuerung in Kontinuität mit der ganzen großen kirchlichen Überlieferung treu zu bleiben.

---

[129] Vgl. *Propositio* 29.
[130] Vgl. *Propositio* 36.
[131] Vgl. Zweites Vatikanisches Konzil, Konst. über die heilige Liturgie *Sacrosanctum Concilium*, 116; *Allgemeine Einführung in das Römische Meßbuch*, 41.

Die innere Einheit der liturgischen Handlung

44. Zuallererst ist es nötig, über die innere Einheit des Ritus der Heiligen Messe nachzudenken. Sowohl in der Katechese als auch in der Art der Zelebration muß vermieden werden, daß der Eindruck zweier nebeneinander gestellter Teile vermittelt wird. Wortgottesdienst und eucharistische Liturgie sind — neben den Einführungs- und Schlußriten — „so eng miteinander verbunden, daß sie eine gottesdienstliche Einheit bilden".[132] Tatsächlich existiert eine innere Verbindung zwischen dem Wort Gottes und der Eucharistie. Beim Hören des Gotteswortes keimt der Glaube auf oder wird gestärkt (vgl. *Röm* 10,17); in der Eucharistie schenkt das fleischgewordene WORT sich uns als geistliche Speise.[133] So geschieht es, daß „die Kirche von den beiden Tischen des WORTES und des Leibes Christi das Brot des Lebens empfängt und den Gläubigen anbietet".[134] Darum muß man sich stets vor Augen halten, daß das von der Kirche gelesene und in der Liturgie verkündete Wort Gottes zur Eucharistie als seinem wesenseigenen Ziel hinführt.

---

[132] *Allgemeine Einführung in das Römische Meßbuch*, 28; KONGREGATION FÜR DIE RITEN, Instruktion *Eucharisticum Mysterium* (25. Mai 1967), 3: *AAS* 57 (1967), 540-543.
[133] Vgl. *Propositio* 18.
[134] *Ebd.*

Der Wortgottesdienst

45. Gemeinsam mit der Synode bitte ich darum, daß der Wortgottesdienst immer gebührend vorbereitet und gelebt wird. Darum empfehle ich dringend, in den Liturgien mit großer Aufmerksamkeit darauf zu achten, daß das Wort Gottes von gut vorbereiteten Lektoren vorgetragen wird. Vergessen wir nie: „Wenn in der Kirche die Heiligen Schriften gelesen werden, spricht Gott selbst zu seinem Volk und verkündet Christus, gegenwärtig in seinem Wort, das Evangelium".[135] Wenn die Umstände es angebracht erscheinen lassen, kann man an einige einführende Worte denken, die den Gläubigen helfen, sich dessen neu inne zu werden. Um das Wort Gottes recht zu verstehen, muß man es mit kirchlicher Gesinnung und im Bewußtsein seiner Einheit mit dem eucharistischen Sakrament hören und aufnehmen. Das Wort, das wir verkünden und hören, ist ja das fleischgewordene WORT (vgl. *Joh* 1,14); es besitzt einen inneren Bezug zur Person Christi und zur sakramentalen Weise seines Gegenwärtigbleibens. Christus spricht nicht in der Vergangenheit, sondern in unserer Gegenwart, gleich wie er in der liturgischen Handlung gegenwärtig ist. In dieser sakramentalen Sicht der christ-

---

[135] *Allgemeine Einführung in das Römische Meßbuch*, 29.

lichen Offenbarung[136] ermöglichen uns die Kenntnis und das Studium des Wortes Gottes, die Eucharistie besser zu schätzen, zu feiern und zu leben. Auch hier erweist sich die Behauptung, nach der „die Unkenntnis der Schrift Unkenntnis Christi ist",[137] in ihrer vollen Wahrheit.

Zu diesem Zweck ist es notwendig, daß den Gläubigen durch pastorale Initiativen, Wortgottesdienste und geistliche Lesung (*lectio divina*) geholfen wird, den Reichtum der Heiligen Schrift, der im Lektionar vorhanden ist, zu schätzen. Darüber hinaus sollte man nicht vergessen, die von der Tradition bestätigten Gebetsformen zu fördern: das Stundengebet — vor allem die Laudes, die Vesper und die Komplet — sowie auch die Vigilfeiern. Das Psalmengebet, die biblischen Lesungen und die in den Lesehoren des Breviers dargebotenen Texte der großen Tradition können zu einer vertieften Erfahrung des Christus-Geschehens und der Heilsökonomie führen, die ihrerseits das Verständnis und die innere Teilnahme an der Eucharistiefeier bereichern kann.[138]

---

[136] Vgl. JOHANNES PAUL II., Enzyklika *Fides et Ratio* (14. September 1998), 13: *AAS* 91 (1999), 15-16.
[137] HIERONYMUS, *Comm. in Is., Prol.*: *PL* 24, 17; vgl. ZWEITES VATIKANISCHES KONZIL, Dogm. Konst. über die göttliche Offenbarung *Dei Verbum*, 25.
[138] Vgl. *Propositio* 31.

Die Homilie

46. In Verbindung mit der Bedeutung des Wortes Gottes erhebt sich die Notwendigkeit, die Qualität der Homilie zu verbessern. Sie ist ja „Teil der liturgischen Handlung"[139] und hat die Aufgabe, ein tieferes Verstehen und eine umfassendere Wirksamkeit des Wortes Gottes im Leben der Gläubigen zu fördern. Deshalb müssen die Priester „die Predigt sorgfältig vorbereiten, indem sie sich auf eine angemessene Kenntnis der Heiligen Schrift stützen".[140] Oberflächlich-allgemeine oder abstrakte Predigten sind zu vermeiden. Im besonderen bitte ich die Prediger, dafür zu sorgen, daß die Homilie das verkündete Wort Gottes in so enge Verbindung mit der sakramentalen Feier[141] und mit dem Leben der Gemeinde bringt, daß das Wort Gottes für die Kirche wirklich Rückhalt und Leben ist.[142] Darum berücksichtige man den katechetischen und den ermahnenden Zweck der Homilie. Es erscheint angebracht, den Gläubigen — ausge-

---

[139] *Allgemeine Einführung in das Römische Meßbuch*, 29; vgl. ZWEITES VATIKANISCHES KONZIL, Konst. über die heilige Liturgie *Sacrosanctum Concilium*, 7.33.52.

[140] *Propositio* 19.

[141] Vgl. ZWEITES VATIKANISCHES KONZIL, Konst. über die heilige Liturgie *Sacrosanctum Concilium*, 52.

[142] Vgl. ZWEITES VATIKANISCHES KONZIL, Dogm. Konst. über die göttliche Offenbarung *Dei Verbum*, 21.

hend vom Drei-Jahres-Lektionar — wohlbedacht thematische Homilien zu halten, die im Laufe des liturgischen Jahres die großen Themen des christlichen Glaubens behandeln und dabei auf das zurückgreifen, was vom Lehramt maßgebend vorgeschlagen wird in den „vier Säulen" des *Katechismus der Katholischen Kirche* und dem später erschienenen *Kompendium*: dem Glaubensbekenntnis, der Feier des christlichen Mysteriums, dem Leben in Christus und dem christlichen Gebet.[143]

Die Darbringung der Gaben

47. Die Synodenväter haben auch auf die Darbringung der Gaben aufmerksam gemacht. Es handelt sich nicht einfach um eine Art „Intermezzo" zwischen dem Wortgottesdienst und der eucharistischen Liturgie. Das würde unter anderem auch nicht dem Sinn des einen, aus zwei Teilen zusammengesetzten Ritus gerecht werden. In dieser demütigen und einfachen Handlung kommt in Wirklichkeit eine sehr tiefe Bedeutung zum Ausdruck: In Brot und Wein, die wir zum Altar brin-

---

[143] Zu diesem Zweck hat die Synode zur Erarbeitung pastoraler Hilfsmittel auf der Basis des Drei-Jahres-Lektionars aufgefordert, die Anregungen für eine innere Verbindung der Verkündigung der vorgesehenen Lesungen mit der Glaubenslehre geben: vgl. *Propositio* 19.

gen, wird die ganze Schöpfung von Christus, dem Erlöser, angenommen, um verwandelt und dem Vater dargeboten zu werden.¹⁴⁴ So gesehen, tragen wir auch alles Leid und allen Schmerz der Welt zum Altar, in der Gewißheit, daß in den Augen Gottes alles kostbar ist. Diese Handlung bedarf nicht der Hervorhebung durch unangebrachte Komplikationen, um in ihrer authentischen Bedeutung erlebt zu werden. Sie erlaubt, die ursprüngliche Beteiligung, die Gott vom Menschen verlangt, um das göttliche Werk in ihm zu vollenden, auszuwerten und auf diese Weise der menschlichen Arbeit ihren letzten Sinn zu geben: durch die Eucharistiefeier mit dem erlösenden Opfer Christi vereint zu werden.

Das eucharistische Hochgebet

48. Das eucharistische Hochgebet ist „Mitte und Höhepunkt der ganzen Feier".¹⁴⁵ Seine Bedeutung verdient es, entsprechend hervorgehoben zu werden. Die verschiedenen im Meßbuch enthaltenen eucharistischen Hochgebete sind uns von der lebendigen Überlieferung der Kirche übergeben worden; sie zeichnen sich aus durch einen uner-

---

¹⁴⁴ Vgl. *Propositio* 20.
¹⁴⁵ *Allgemeine Einführung in das Römische Meßbuch*, 78.

schöpflichen theologischen und spirituellen Reichtum. Die Gläubigen müssen angeleitet werden, ihn entsprechend zu schätzen. Dazu ist uns die *Allgemeine Einführung in das Römische Meßbuch* hilfreich, indem sie uns die Grundelemente jedes Hochgebetes ins Gedächtnis ruft: Danksagung, Akklamation, Epiklese, Einsetzungsbericht, Konsekration, Anamnese, Darbringung, Interzessionen und Schlußdoxologie.[146] Die eucharistische Spiritualität und die theologische Reflexion werden besonders erhellt, wenn man die tiefe Einheit in der Anapher zwischen der Anrufung des Heiligen Geistes und dem Einsetzungsbericht[147] betrachtet, worin „das Opfer vollzogen [wird], das Christus selber beim letzten Abendmahl eingesetzt hat".[148] Tatsächlich „erfleht die Kirche durch besondere Anrufungen die Kraft des Heiligen Geistes, damit die von Menschen dargebrachten Gaben konsekriert, das heißt, Leib und Blut Christi werden und damit die makellose Opfergabe, die in der Kommunion empfangen wird, denen zum Heil gereiche, die daran Anteil erhalten".[149]

---

[146] Vgl. *Ebd.*, 78-79.
[147] Vgl. *Propositio* 22.
[148] *Allgemeine Einführung in das Römische Meßbuch*, 79d.
[149] *Ebd.*, 79c.

Der Austausch des Friedensgrußes

49. Die Eucharistie ist von Natur aus ein Sakrament des Friedens. Diese Dimension des eucharistischen Mysteriums findet in der liturgischen Feier seinen besonderen Ausdruck im Austausch des Friedensgrußes. Zweifellos handelt es sich um ein Zeichen von großem Wert (vgl. *Joh* 14,27). In unserer so erschreckend konfliktbeladenen Zeit bekommt diese Geste auch unter dem Gesichtspunkt des allgemeinen Empfindens eine besondere Bedeutung, insofern die Kirche die Aufgabe, vom Herrn das Geschenk des Friedens und der Einheit für sich und für die gesamte Menschheitsfamilie zu erflehen, immer mehr als eigenen Auftrag wahrnimmt. Der Friede ist sicherlich eine nicht zu unterdrückende Sehnsucht im Herzen eines jeden. Die Kirche macht sich zur Wortführerin dieser Bitte um Frieden und Versöhnung, die aus dem Innern jedes Menschen guten Willens aufsteigt, und richtet sie an den, der „unser Friede" ist (*Eph* 2,14) und der auch Völker und Einzelpersonen miteinander versöhnen kann, wo menschliche Versuche scheitern. Aus all dem wird die Intensität verständlich, mit der in der liturgischen Feier der Ritus des Friedens häufig empfunden wird. Dennoch wurde in diesem Zusammenhang auf der Bischofssynode betont, daß es zweckmäßig ist, diese Geste, die übertriebene Formen annehmen und ausgerechnet unmittelbar vor der Kommunion Verwirrung stiften kann, in Grenzen zu halten. Es ist gut, daran zu erinnern, daß der große Wert der Geste mitnichten geschmälert wird durch die Nüchternheit, die notwendig ist, um ein der Feier angemessenes Klima zu wahren; man könnte zum Beispiel den Friedensgruß auf die beschränken, die in der Nähe stehen.[150]

Austeilung und Empfang der Eucharistie

50. Ein weiteres Moment der Feier, das zur Sprache gebracht werden muß, betrifft Austeilung und Empfang der heiligen Kommunion. Ich ersuche alle, besonders die geweihten Amtsträger und diejenigen, die — entsprechend vorbereitet — im Fall wirklicher Notwendigkeit zum Dienst der Austeilung der Eucharistie bevollmächtigt sind, alles Mögliche zu tun, damit die Handlung in ihrer Ein-

---

[150] Unter Berücksichtigung der alten und ehrwürdigen Gepflogenheiten und der von den Synodenvätern ausgedrückten Wünsche habe ich die zuständigen Dikasterien aufgefordert, die Möglichkeit zu untersuchen, den Friedensgruß auf einen anderen Zeitpunkt zu verlegen, zum Beispiel vor den Gabengang. Eine solche Wahl wäre zudem mit Sicherheit ein bedeutungsvoller Hinweis auf die Mahnung des Herrn, daß jedem Opfer notwendig die Versöhnung vorausgehen muß (vgl. *Mt* 5,23f); vgl. *Propositio* 23.

fachheit ihrer Bedeutung der persönlichen Begegnung mit dem Herrn Jesus im Sakrament entspreche. Was die Vorschriften zur korrekten Praxis betrifft, verweise ich auf die jüngst herausgegebenen Dokumente.[151] Alle christlichen Gemeinden sollen sich treu an die gültigen Normen halten und in ihnen den Ausdruck des Glaubens und der Liebe sehen, die wir alle gegenüber diesem erhabenen Sakrament haben müssen. Darüber hinaus sollte die kostbare Zeit der Danksagung nach der Kommunion nicht vernachlässigt werden: außer der Ausführung eines passenden Gesanges kann es sehr nützlich sein, gesammelt im Schweigen zu verharren.[152]

In diesem Zusammenhang möchte ich auf ein pastorales Problem aufmerksam machen, auf das man heutzutage oft stößt. Ich meine die Tatsache, daß bei einigen Gelegenheiten wie zum Beispiel bei Meßfeiern aus Anlaß von Trauungen, Beerdigungen oder ähnlichen Ereignissen außer den praktizierenden Gläubigen auch andere bei der Feier zugegen sind, die eventuell jahrelang nicht die Kommunion empfangen haben oder die sich viel-

---

[151] Vgl. KONGREGATION FÜR DEN GOTTESDIENST UND DIE SAKRAMENTENORDNUNG, Instruktion *Redemptionis Sacramentum* (25. März 2004), 80-95: *AAS* 96 (2004), 574-577.

[152] Vgl. *Propositio* 34.

leicht in Lebensverhältnissen befinden, die den Zugang zu den Sakramenten nicht gestatten. Andere Male geschieht es, daß Angehörige anderer christlicher Konfessionen oder sogar anderer Religionen zugegen sind. Ähnliche Umstände sind auch in Kirchen gegeben, die — besonders in den großen Kunstmetropolen — Ziel von Besucherströmen sind. Es versteht sich, daß dann Möglichkeiten gefunden werden müssen, kurz und wirkungsvoll allen den Sinn der sakramentalen Kommunion und die Bedingungen für ihren Empfang ins Gedächtnis zu rufen. Wo Situationen gegeben sind, in denen die notwendige Klärung in bezug auf die Bedeutung der Eucharistie nicht gewährleistet werden kann, ist zu erwägen, inwieweit es zweckmäßig ist, anstelle der Eucharistiefeier einen Wortgottesdienst zu halten.[153]

Die Entlassung: „Ite missa est"

51. Schließlich möchte ich auf das eingehen, was die Synodenväter über den Entlassungsgruß am Ende der Eucharistiefeier gesagt haben. Nach dem Segen verabschiedet der Diakon oder der Priester das Volk mit den Worten: *„Ite missa est"*. In

[153] Vgl. *Propositio* 35.

diesem Gruß können wir die Beziehung zwischen der gefeierten Messe und der christlichen Sendung in der Welt erkennen. Im Altertum bedeutete „*missa*" einfach „Entlassung". Im christlichen Gebrauch hat das Wort jedoch eine immer tiefere Bedeutung gewonnen, indem „*missa*" zunehmend als „*missio*" verstanden und so Entlassung zu Aussendung wird. Dieser Gruß drückt in wenigen Worten die missionarische Natur der Kirche aus. Darum ist es gut, dem Volk zu helfen, diese konstitutive Dimension des kirchlichen Lebens zu vertiefen, indem man sich von der Liturgie anregen läßt. In dieser Hinsicht kann es nützlich sein, über entsprechend approbierte Texte für das Gebet über das Volk und den Schlußsegen zu verfügen, die diese Verbindung deutlich zum Ausdruck bringen.[154]

Actuosa participatio

Authentische Teilnahme

52. Das Zweite Vatikanische Konzil hatte zu Recht mit besonderer Eindringlichkeit von der aktiven, vollen und fruchtbaren Teilnahme des ganzen Gottesvolkes an der Eucharistiefeier gespro-

---

[154] Vgl. *Propositio* 24.

chen.[155] Sicherlich hat die in diesen Jahren verwirklichte Erneuerung beachtliche Fortschritte in der von den Konzilsvätern gewünschten Richtung begünstigt. Dennoch dürfen wir nicht über die Tatsache hinwegsehen, daß sich dabei gelegentlich eine mangelnde Einsicht gerade in den eigentlichen Sinn dieser Teilnahme gezeigt hat. Darum muß geklärt werden, daß mit diesem Begriff nicht eine einfache äußere Aktivität während der Feier gemeint ist. In Wirklichkeit ist die vom Konzil erwünschte aktive Teilnahme in viel wesentlicherem Sinn zu verstehen, angefangen von einer tieferen Bewußtheit des Mysteriums, das gefeiert wird, und seiner Beziehung zum täglichen Leben. Die Empfehlung der Konzilskonstitution *Sacrosanctum Concilium*, welche die Gläubigen aufruft, der eucharistischen Liturgie nicht „wie Außenstehende und stumme Zuschauer" beizuwohnen, sondern „die heilige Handlung bewußt, fromm und tätig" mitzufeiern,[156] ist nach wie vor voll gültig. Das Konzil fuhr fort, indem es die Überlegungen entfaltete: Die Gläubigen sollen „sich durch das Wort Gottes formen lassen" und

---

[155] Vgl. Konst. über die heilige Liturgie *Sacrosanctum Concilium*, 14-20; 30f; 48f; KONGREGATION FÜR DEN GOTTESDIENST UND DIE SAKRAMENTENORDNUNG, Instruktion *Redemptionis Sacramentum* (25. März 2004), 36-42: *AAS* 96 (2004), 561-564.
[156] Nr. 48.

„am Tisch des Herrn Stärkung finden. Sie sollen Gott danksagen und die unbefleckte Opfergabe darbringen nicht nur durch die Hände des Priesters, sondern auch gemeinsam mit ihm und dadurch sich selber darbringen lernen. So sollen sie durch Christus, den Mittler, von Tag zu Tag zu immer vollerer Einheit mit Gott und untereinander gelangen".[157]

Teilnahme und priesterlicher Dienst

53. Die Schönheit und die Harmonie der liturgischen Handlung finden einen bedeutungsvollen Ausdruck in der Ordnung, in der jeder berufen ist, aktiv teilzunehmen. Das beinhaltet die Anerkennung der verschiedenen hierarchischen Rollen, die in die Zelebration selbst einbezogen sind. Es ist hilfreich, daran zu erinnern, daß die aktive Teilnahme an ihr nicht unbedingt mit der Ausübung eines besonderen Dienstes zusammenfällt. Vor allem ist der Sache der aktiven Teilnahme der Gläubigen nicht gedient durch eine Verwirrung, die durch die Unfähigkeit erzeugt würde, in der kirchlichen Gemeinschaft die verschiedenen Aufgaben zu unterscheiden, die jedem zukommen.[158] Im besonde-

---

[157] *Ebd.*
[158] Vgl. KONGREGATION FÜR DEN KLERUS und andere Dikasterien der Römischen Kurie, Instr. zu einigen Fragen

ren ist es notwendig, daß bezüglich der spezifischen Aufgaben des Priesters Klarheit herrscht. Wie die Tradition der Kirche bestätigt, ist er in unersetzlicher Weise derjenige, welcher der gesamten Eucharistiefeier vorsteht, vom Eröffnungsgruß bis zum Schlußsegen. Kraft der heiligen Weihe, die er empfangen hat, vertritt er Jesus Christus, das Haupt der Kirche, und in der ihm eigenen Weise auch die Kirche selbst.[159] Jede Feier der Eucharistie wird vom Bischof geleitet, entweder von ihm selbst oder durch die Priester als seine Helfer".[160] Eine Hilfe hat er im Diakon, dem in der Feier einige spezifische Aufgaben zukommen: Bereitung des Altars, Assistenz des Priesters, Verkündigung des Evangeliums, eventuell die Predigt, Führung der Gemeinde bei den Fürbitten, Austeilung der Kommunion.[161] Im Zusammenhang mit diesen, an die Weihe gebundenen Aufgaben stehen andere Ämter für den liturgischen Dienst, die zweckmäßig von Ordensleuten und entsprechend vorbereiteten Laien ausgeübt werden.[162]

über die Mitarbeit der Laien am Dienst der Priester *Ecclesiae de mysterio* (15. August 1997): *AAS* 89 (1997), 852-877.

[159] Vgl. *Propositio 33.*
[160] *Allgemeine Einführung in das Römische Meßbuch*, 92.
[161] Vgl. *Ebd.*, 94.
[162] Vgl. ZWEITES VATIKANISCHES KONZIL, Dekret über das Laienapostolat *Apostolicam actuositatem*, 24; *Allgemeine Ein-*

Eucharistiefeier und Inkulturation

54. Seit den grundlegenden Aussagen des Zweiten Vatikanischen Konzils ist die Bedeutung der aktiven Teilnahme der Gläubigen am eucharistischen Opfer wiederholt betont worden. Um diese Einbeziehung zu begünstigen, kann man einigen Anpassungen Raum geben, die für die verschiedenen Zusammenhänge und unterschiedlichen Kulturen geeignet sind.[163] Die Tatsache, daß es dabei einige Mißbräuche gegeben hat, trübt nicht die Klarheit dieses Prinzips, das den wirklichen Bedürfnissen der Kirche entsprechend beibehalten werden muß; sie lebt und feiert ein und dasselbe Mysterium Christi in unterschiedlichen kulturellen Situationen. Jesus, der Herr, hat sich nämlich, in-

---

führung in das Römisches Meßbuch, Nr. 95-111; KONGREGATION FÜR DEN GOTTESDIENST UND DIE SAKRAMENTENORDNUNG, INSTR. *Redemptionis Sacramentum* (25. März 2004), 43-47: *AAS* 96 (2004), 564-566; *Propositio* 33: „Diese Ämter müssen einem spezifischen Mandat gemäß und den wirklichen Erfordernissen der feiernden Gemeinde entsprechend eingeführt werden. Die mit diesen liturgischen Laiendiensten beauftragten Personen müssen sorgsam ausgewählt, gut vorbereitet und mit einer ständigen Weiterbildung begleitet werden. Ihre Ernennung muß auf Zeit erfolgen. Sie müssen in der Gemeinde bekannt sein und von ihr auch eine dankbare Anerkennung empfangen."

[163] Vgl. ZWEITES VATIKANISCHES KONZIL, Konst. über die heilige Liturgie *Sacrosanctum Concilium*, 37-42.

dem er als vollkommener Mensch von einer Frau geboren wurde (vgl. *Gal* 4,4), gerade im Geheimnis der Inkarnation in direkte Beziehung nicht nur zu den innerhalb des Alten Testaments vorhandenen, sondern auch zu den von allen Völkern gehegten Erwartungen gesetzt. Damit hat er gezeigt, daß Gott uns in unserem Lebensumfeld erreichen will. Darum ist für eine wirkungsvollere Teilnahme der Gläubigen an den heiligen Mysterien die Fortsetzung des Inkulturationsprozesses im Rahmen der Eucharistiefeier von Nutzen. Dabei sind die Möglichkeiten der Anpassung zu berücksichtigen, welche die *Allgemeine Einführung in das Römische Meßbuch* bietet;[164] sie müssen interpretiert werden im Licht der Kriterien der 4. Instruktion der Kongregation für den Gottesdienst und die Sakramentenordnung *Varietates legitimae* vom 25. Januar 1994[165] und der Richtlinien, die von Papst Johannes Paul II. in den Nachsynodalen Schreiben *Ecclesia in Africa*, *Ecclesia in America*, *Ecclesia in Asia*, *Ecclesia in Oceania*, und *Ecclesia in Europa*[166] ausgedrückt sind. Zu diesem

---

[164] Vgl. 386-399.

[165] *AAS* 87 (1995), 288-314.

[166] Vgl. Nachsynodales Apostolisches Schreiben *Ecclesia in Africa* (14. September 1995), 55-71: *AAS* 88 (1996), 34-47; Nachsynodales Apostolisches Schreiben *Ecclesia in America* (22. Januar 1999), 16.40.64. 70-72: *ASS* 91 (1999), 752-753; 775-776; 799: 805-809; Nachsynodales Apostolisches Schrei-

Zweck empfehle ich den Bischofskonferenzen, bei ihrem Handeln die rechte Ausgewogenheit zwischen bereits erlassener Kriterien und Richtlinien und neuen Anpassungen zu begünstigen,[167] immer in Übereinkunft mit dem Apostolischen Stuhl.

Persönliche Bedingungen für eine „actuosa participatio"

55. Bei der Erörterung des Themas der *actuosa participatio* der Gläubigen am heiligen Ritus haben die Synodenväter auch die persönliche Verfassung hervorgehoben, in der sich jeder für eine fruchtbare Teilnahme befinden muß.[168] Ein Element dabei ist sicherlich der Geist fortwährender innerer Umkehr, der das Leben aller Gläubigen kennzeichnen muß. Man kann sich keine aktive Teilnahme an der eucharistischen Liturgie erwarten, wenn man nur oberflächlich dabei ist, ohne zuvor das eigene Lebens überprüft zu haben. Eine solche innere Bereitschaft wird gefördert zum Beispiel durch Sammlung und Schweigen, zumindest einige Mo-

---

ben *Ecclesia in Asia* (6. November 1999), 21f: *AAS* 92 (2000), 482-487; Nachsynodales Apostolisches Schreiben *Ecclesia in Oceania* (22. November 2001), 16: *AAS* 94 (2002), 382-384; Nachsynodales Apostolisches Schreiben *Ecclesia in Europa* (28. Juni 2003), 58-60: *AAS* 95 (2003), 685-686.

[167] Vgl. *Propositio* 26.
[168] Vgl. *Propositio* 35; ZWEITES VATIKANISCHES KONZIL, Konst. über die heilige Liturgie *Sacrosanctum Concilium*, 11.

mente vor Beginn der Liturgie, durch Fasten und, wenn nötig, durch die sakramentale Beichte. Ein mit Gott versöhntes Herz befähigt zu wahrer Teilnahme. Im besonderen muß man die Gläubigen daran erinnern, daß eine *actuosa paticipatio* nicht zu realisieren ist, wenn man nicht zugleich versucht, aktiv am kirchlichen Leben in seiner Ganzheit teilzunehmen, was auch den missionarischen Einsatz einschließt, die Liebe Christi in die Gesellschaft hineinzutragen.

Zweifellos ist die volle Teilnahme an der Eucharistie dann gegeben, wenn man auch selbst die Kommunion empfängt.[169] Trotzdem muß darauf geachtet werden, daß diese richtige Aussage bei den Gläubigen nicht zu einem gewissen Automatismus führt, so als habe man, nur weil man sich während der Liturgie in der Kirche befindet, das Recht oder vielleicht sogar die Pflicht, zum eucharistischen Mahl zu gehen. Auch wenn es nicht möglich ist, die sakramentale Kommunion zu empfangen, bleibt die Teilnahme an der heiligen Messe notwendig, gültig, bedeutungsvoll und fruchtbar. Unter diesen Umständen ist es gut, das Verlangen nach der vollen Vereinigung mit Christus zu pfle-

---

[169] Vgl. *Katechismus der Katholischen Kirche*, 1388; ZWEITES VATIKANISCHES KONZIL, Konst. über die heilige Liturgie *Sacrosanctum Concilium*, 55.

gen, zum Beispiel mit der Praxis der geistlichen Kommunion, an die Johannes Paul II. erinnert[170] und die von heiligen Lehrmeistern des geistlichen Leben empfohlen wird.[171]

Die Teilnahme nicht katholischer Christen

56. Mit dem Thema der Teilnahme müssen wir unvermeidlich über die Christen sprechen, die Kirchen oder kirchlichen Gemeinschaften angehören, die nicht in voller Gemeinschaft mit der Katholischen Kirche stehen. In diesem Zusammenhang ist zu sagen, daß die innere Verbindung, die zwischen Eucharistie und Einheit der Kirche besteht, uns einerseits brennend den Tag herbeiwünschen läßt, an dem wir gemeinsam mit allen Christgläubigen die Eucharistie feiern und so die Fülle der von Christus für seine Jünger gewollten Einheit (vgl. *Joh* 17,21) ausdrücken können. Andererseits verbietet uns die Ehrfurcht, die wir dem Sakrament des Leibes und Blutes Christi schulden, daraus ein bloßes „Mittel" zu machen, das unterschiedslos an-

---

[170] Vgl. Enzyklika *Ecclesia de Eucharistia* (17. April 2003), 34: *AAS* 95 (2003), 456.
[171] Darunter zum Beispiel THOMAS VON AQUIN, *Summa Theologiae*, III, q. 80, a. 1,2; THERESIA VON JESUS, *Weg der Vollkommenheit*, Kap. 35. Die Lehre ist vom KONZIL VON TRIENT maßgebend bestätigt worden: 13. Sitzung, Kap. VIII.

gewendet wird, um ebendiese Einheit zu erlangen.[172] Die Eucharistie drückt ja nicht nur unsere persönliche Gemeinschaft mit Jesus Christus aus, sondern schließt auch die volle *Communio* mit der Kirche ein. Das ist also das Motiv, warum wir mit Schmerz, doch nicht ohne Hoffnung, die nicht katholischen Christen bitten, unsere Überzeugung, die auf die Bibel und die Überlieferung zurückgreift, zu verstehen und zu respektieren. Wir meinen, daß die eucharistische Kommunion und die kirchliche *Communio* so zuinnerst einander angehören, daß es für nicht katholische Christen allgemein unmöglich ist, das Sakrament der Kommunion zu empfangen, ohne die Communio zu teilen. Noch sinnloser wäre eine regelrechte Konzelebration mit Amtsträgern anderer Kirchen oder kirchlicher Gemeinschaften, die nicht in voller Gemeinschaft mit der Katholischen Kirche stehen. Trotzdem bleibt gültig, daß im Hinblick auf das ewige Heil die Möglichkeit der Zulassung einzelner nicht katholischer Christen zur Eucharistie, zum Bußsakrament und zur Krankensalbung besteht. Das setzt jedoch voraus, daß bestimmte, außergewöhnliche, durch genaue Bedingungen gekennzeichnete Situationen

---

[172] Vgl. JOHANNES PAUL II., Enzyklika *Ut unum sint* (25. Mai 1995), 8: *AAS*: 87 (1995), 925-926.

gegeben sind.[173] Diese sind im *Katechismus der Katholischen Kirche*[174] und in seinem *Kompendium*[175] deutlich angegeben. Es ist die Pflicht eines jeden, sich treu daran zu halten.

Teilnahme über die Kommunikationsmittel

57. Aufgrund der gewaltigen Entwicklung der Kommunikationsmittel in den letzten Jahrzehnten hat das Wort „Teilnahme" eine weitere Bedeutung angenommen als in der Vergangenheit. Wir alle anerkennen mit Zufriedenheit, daß diese Instrumente neue Möglichkeiten auch in bezug auf die Eucharistiefeier eröffnen.[176] Das erfordert von den

---

[173] Vgl. *Propositio* 41; ZWEITES VATIKANISCHES KONZIL, Dekret über den Ökumenismus *Unitatis redintegratio*, 8, 15; JOHANNES PAUL II., Enzyklika *Ut unum sint* (25. Mai 1995), 46: *AAS* 87 (1995), 948; Enzyklika *Ecclesia de Eucharistia* (17. April 2003), 45-46: *AAS* 95 (2003), 463-464; *Kodex des Kanonischen Rechts*, can. 844 § 3-4; *Rechtskodex der Ostkirchen*, can. 671 § 3-4; PÄPSTLICHER RAT ZUR FÖRDERUNG DER EINHEIT DER CHRISTEN, *Directoire pour l'application des Principes et des Normes sur l'œcuménisme* (25. März 1993), 125, 129-131: *AAS* 85 (1993), 1087, 1088-1089.

[174] Vgl. Nr. 1398-1401.

[175] Vgl. Nr. 293.

[176] Vgl. PÄPSTLICHER RAT FÜR DIE SOZIALEN KOMMUNIKATIONSMITTEL, Pastoralinstr. über die sozialen Kommunikationsmittel zum 20. Jahrestag der Pastoralinstr. „Communio et Progressio" *Aetatis novae* (22. Februar 1992): *AAS* 84 (1992), 447-468.

pastoralen Mitarbeitern auf diesem Sektor eine spezifische Vorbereitung und ein waches Verantwortungsbewußtsein. Die im Fernsehen übertragene heilige Messe bekommt nämlich unvermeidlich einen gewissen Charakter der Vorbildlichkeit. Darum muß nicht nur besonders darauf geachtet werden, daß die Feier sich an würdigen und gut vorbereiteten Orten vollzieht, sondern daß sie zudem auch die liturgischen Normen berücksichtigt.

Was schließlich den Wert der durch die Kommunikationsmittel ermöglichten Teilnahme an der heiligen Messe betrifft, so muß, wer solchen Übertragungen beiwohnt, wissen, daß er unter normalen Voraussetzungen nicht die Sonntagspflicht erfüllt. Denn das Ausdrucksmittel Bild stellt zwar die Wirklichkeit dar, reproduziert sie aber nicht in sich selbst.[177] Wenn es sehr lobenswert ist, daß alte und kranke Menschen durch die Radio- und Fernsehübertragungen an der Sonntagsmesse teilnehmen, träfe das nicht in gleicher Weise zu für diejenigen, die sich durch solche Übertragungen davon dispensieren wollten, in die Kirche zu gehen, um an der Eucharistiefeier in der Versammlung der lebendigen Kirche teilzunehmen.

---

[177] Vgl. *Propositio* 29.

„Actuosa participatio" der Kranken

58. In Anbetracht der Lage derer, die sich aus Krankheits- oder Altersgründen nicht zu den Orten des Gottesdienstes begeben können, möchte ich die gesamte kirchliche Gemeinschaft auf die pastorale Notwendigkeit aufmerksam machen, für die Kranken, die zu Hause sind oder sich im Krankenhaus befinden, den geistlichen Beistand sicherzustellen. Wiederholt wurde in der Bischofssynode ihre Lage angesprochen. Es muß dafür gesorgt werden, daß diese unsere Brüder und Schwestern häufig die heilige Kommunion empfangen können. Wenn sie auf diese Weise die Beziehung zum gekreuzigten und auferstandenen Christus stärken, können sie spüren, daß ihr Leben durch die Aufopferung des eigenen Leidens in Vereinigung mit dem Opfer unseres Herrn gänzlich in das Leben und in die Sendung der Kirche eingegliedert ist. Eine besondere Aufmerksamkeit muß den Behinderten vorbehalten sein; wo ihr Zustand es erlaubt, muß die christliche Gemeinschaft ihre Teilnahme am Ort des Gottesdienstes unterstützen. Zu diesem Zweck muß dafür gesorgt werden, daß eventuelle architektonische Hindernisse beseitigt werden, die den Behinderten den Zugang erschweren. Schließlich sollte, so weit möglich, die Kommunion auch den getauften und gefirmten geistig Behinderten gewährleistet werden: Sie empfangen die Eucharistie auch im Glauben der Familie oder der Gemeinschaft, die sie begleitet.[178]

Die Aufmerksamkeit gegenüber den Gefangenen

59. Die geistliche Tradition der Kirche hat anhand eines eindeutigen Wortes Christi (vgl. *Mt* 25,36) in dem Besuch der Gefangenen eines der leiblichen Werke der Barmherzigkeit ausgemacht. Diejenigen, die sich in dieser Lage befinden, haben es besonders nötig, vom Herrn selbst im Sakrament der Eucharistie besucht zu werden. In einem so besonderen und schmerzlichen Lebensabschnitt die Nähe der kirchlichen Gemeinschaft zu spüren und die heilige Kommunion zu empfangen, kann sicherlich zur Qualität des eigenen Glaubensweges beitragen und die volle soziale Rehabilitation begünstigen. Indem ich den in der Synodenversammlung vorgetragenen Wünschen Ausdruck verleihe, bitte ich die Diözesen, im Bereich des Möglichen für einen angemessenen Einsatz von Kräften in der auf die geistliche Betreuung der Gefangenen ausgerichteten pastoralen Tätigkeit zu sorgen.[179]

---

[178] Vgl. *Propositio* 44.
[179] Vgl. *Propositio* 48.

Die Migranten und die Teilnahme an der Eucharistie

60. Als die Synode das Problem derer berührte, die aus verschiedenen Gründen gezwungen sind, ihr Land zu verlassen, hat sie einen besonderen Dank denen gegenüber ausgedrückt, die in der Migrantenseelsorge beschäftigt sind. In diesem Zusammenhang muß jenen Auswanderern eine besondere Aufmerksamkeit geschenkt werden, die den katholischen Ostkirchen angehören und für die außer der Trennung vom eigenen Zuhause die zusätzliche Schwierigkeit besteht, daß sie nicht an der eucharistischen Liturgie nach dem eigenen Ritus teilnehmen können, dem sie angehören. Darum sei ihnen, wo dies möglich ist, die Betreuung durch Priester ihres Ritus gestattet. In jedem Fall bitte ich die Bischöfe, diese Brüder und Schwestern in der Liebe Christi aufzunehmen. Die Begegnung zwischen Gläubigen verschiedener Riten kann auch eine Gelegenheit zu gegenseitiger Bereicherung werden. Im besonderen denke ich an den Nutzen, der — vor allem für den Klerus — aus der Kenntnis der verschiedenen Traditionen hervorgehen kann.[180]

[180] Eine solche Kenntnis kann auch durch zweckmäßige Initiativen in den Jahren der Ausbildung der Priesteramtskandidaten im Seminar erreicht werden: vgl. *Propositio* 45.

Die großen Konzelebrationen

61. Die Synodenversammlung hat eingehend erwogen, welchen Wert die Teilnahme an den großen Konzelebrationen besitzt, die zu besonderen Anlässen stattfinden und bei denen außer einer großen Anzahl von Gläubigen auch viele konzelebrierende Priester zugegen sind.[181] Einerseits ist die Bedeutung dieser Momente leicht erkennbar, besonders wenn der Bischof im Kreis seines Presbyteriums und der Diakone der Feier vorsteht. Andererseits können bei diesen Gelegenheiten Probleme auftreten in bezug auf den wahrnehmbaren Ausdruck der Einheit des Presbyteriums, speziell beim Hochgebet, und in bezug auf die Austeilung der heiligen Kommunion. Man muß vermeiden, daß diese großen Konzelebrationen Zerstreuung hervorrufen. Dafür ist mit angemessenen Mitteln der Koordination zu sorgen und indem man den Ort des Gottesdienstes so gestaltet, daß er Priestern und Gläubigen die volle, wirkliche Teilnahme ermöglicht. In jedem Fall muß man sich vor Augen halten, daß es sich um Konzelebrationen handelt, die einen Ausnahmecharakter besitzen und auf außergewöhnliche Situationen zu beschränken sind.

[181] Vgl. *Propositio* 37.

Die lateinische Sprache

62. Diese Aussagen sollen jedoch den Wert dieser großen Liturgien nicht schmälern. Ich denke in diesem Moment besonders an die Zelebrationen, die während der heute immer häufigeren internationalen Treffen stattfinden. Sie müssen in rechter Weise genutzt werden. Um die Einheit und die Universalität der Kirche besser zum Ausdruck zu bringen, möchte ich empfehlen, was die Bischofssynode in Übereinstimmung mit dem Zweiten Vatikanischen Konzil [182] vorgeschlagen hat: Es ist gut, wenn außer den Lesungen, der Predigt und den Fürbitten der Gläubigen die Feier in lateinischer Sprache gehalten wird; ebenso sollen die bekanntesten Gebete[183] aus der Überlieferung der Kirche in Latein gesprochen und eventuell einige Teile in gregorianischem Choral ausgeführt werden. Ganz allgemein bitte ich darum, daß die zukünftigen Priester von der Seminarzeit an darauf vorbereitet werden, die heilige Messe in Latein zu verstehen und zu zelebrieren sowie lateinische Texte zu nutzen und den gregorianischen Choral zu verwenden. Man sollte nicht die Möglichkeit außer Acht lassen, daß auch die Gläubigen angeleitet werden,

---

[182] Vgl. Konst. über die heilige Liturgie *Sacrosanctum Concilium*, 36 und 54.
[183] Vgl. *Propositio* 36.

die allgemeinsten Gebete in Latein zu kennen und gewisse Teile der Liturgie im gregorianischen Stil zu singen.[184]

Eucharistiefeiern in kleinen Gruppen

63. Eine ganz andere Situation ist die, welche sich bei einigen pastoralen Gelegenheiten ergibt, bei denen man gerade zugunsten einer bewußteren, aktiveren und fruchtbareren Teilnahme die Feier in kleinen Gruppen vorzieht. Trotz der Anerkennung des erzieherischen Wertes, den eine solche Wahl in sich birgt, ist es nötig zu klären, daß diese Zelebrationen mit der Gesamtheit des pastoralen Angebots der Diözese abgestimmt werden müssen. Diese Experimente würden nämlich ihren pädagogischen Charakter verlieren, wenn sie als Gegensatz oder als Parallelveranstaltung zur Teilkirche empfunden würden. In diesem Zusammenhang hat die Synode einige Kriterien hervorgehoben, an die man sich zu halten hat: Die kleinen Gruppen müssen dazu dienen, die Pfarrgemeinde zu einen, nicht sie zu zersplittern; das muß in der konkreten Praxis seine Bestätigung finden; diese Gruppen müssen die fruchtbare Teilnahme der ganzen Versammlung begünstigen

---

[184] Vgl. *Ebd.*

und dabei so weit wie möglich die Einheit der einzelnen Familien im liturgischen Leben bewahren.[185]

Die mit innerer Teilnahme erlebte liturgische Feier

Mystagogische Katechese

64. Die große liturgische Tradition der Kirche lehrt uns, daß es für eine fruchtbare Teilnahme nötig ist, persönlich dem gefeierten Mysterium zu entsprechen, indem man das eigene Leben in Einheit mit dem Opfer Christi hingibt für das Heil der ganzen Welt. Aus diesem Grund hat die Bischofssynode empfohlen, bei den Gläubigen für eine tiefe Übereinstimmung der inneren Verfassung mit den Gesten und Worten zu sorgen. Würde sie fehlen, liefen unsere Feiern, so lebendig sie auch sein mögen, Gefahr, in Ritualismus abzugleiten. Darum muß eine Erziehung zum eucharistischen Glauben gefördert werden, die die Gläubigen vorbereitet, persönlich zu erleben, was gefeiert wird. Welches können angesichts der wesentlichen Bedeutung dieser persönlichen und bewußten *participatio* die angemessenen Erziehungsmittel sein? Die Synodenväter haben diesbezüglich einstimmig den

---

[185] Vgl. *Propositio* 32.

Weg einer Katechese mystagogischen Charakters empfohlen, die den Gläubigen dazu verhilft immer besser in die gefeierten Mysterien einzudringen.[186] Besonders wegen der Verbindung zwischen *ars celebrandi* und *actuosa participatio* muß vor allem bekräftigt werden, daß „die beste Katechese über die Eucharistie die gut zelebrierte Eucharistie selbst ist".[187] Die Liturgie besitzt nämlich von ihrem Wesen her eine pädagogische Wirksamkeit, die Gläubigen in die Kenntnis des gefeierten Mysteriums einzuführen. Gerade deswegen hatte in der ältesten Tradition der Kirche der Weg der christlichen Einführung, auch wenn er die systematische Einsicht in die Glaubensinhalte nicht vernachlässigte, doch immer den Erfahrungscharakter, in dem die lebendige und überzeugende Begegnung mit Christus ausschlaggebend war, die durch authentische Zeugen vermittelt wurde. Darum ist derjenige, der in die Mysterien einführt, zunächst der Zeuge. Diese Begegnung wird natürlich in der Katechese vertieft und findet ihre Quelle und ihren Höhepunkt in der Eucharistiefeier. Von dieser grundlegenden Struktur der christlichen Erfahrung geht das Erfordernis eines mystagogischen Weges aus, in dem

[186] Vgl. *Propositio* 14.
[187] *Propositio* 19.

drei Elemente immer gegenwärtig gehalten werden müssen:

a) Es geht vor allem um die *Interpretation der Riten im Licht der Heilsereignisse*, in Übereinstimmung mit der lebendigen Überlieferung der Kirche. Tatsächlich enthält die Eucharistiefeier in ihrem unendlichen Reichtum fortwährende Verweise auf die Heilsgeschichte. Im gekreuzigten und auferstandenen Christus können wir wirklich die alles vereinende Mitte der gesamten Wirklichkeit feiern (vgl. *Eph* 1,10). Von Anfang an hat die christliche Gemeinde die Geschehnisse des Lebens Jesu — und besonders des Pascha-Mysteriums — in Beziehung zum ganzen alttestamentlichen Weg verstanden.

b) Die mystagogische Katechese muß sich außerdem darum sorgen, *in den Sinn der Zeichen einzuführen*, die in den Riten enthalten sind. Diese Aufgabe ist besonders dringend in einer stark technisierten Zeit wie der unsrigen, in der die Gefahr besteht, das Wahrnehmungsvermögen für Zeichen und Symbole zu verlieren. Mehr als zu informieren, muß die mystagogische Katechese die Sensibilität der Gläubigen für die Sprache der Zeichen und Gesten, die vereint mit dem Wort den Ritus bilden, wieder wecken und erziehen.

c) Schließlich muß die mystagogische Katechese darum bemüht sein, *die Bedeutung der Riten im Verhältnis zum christlichen Leben* in all seinen Dimensionen *aufzuzeigen*: in Arbeit und Verpflichtung, in Denken und Fühlen, in Tätigkeit und Ruhe. Es gehört zum mystagogischen Weg, die Verbindung der im Ritus gefeierten Mysterien mit der missionarischen Verantwortung der Gläubigen zu verdeutlichen. In diesem Sinn ist das ausgereifte Ergebnis der Mystagogie das Bewußtsein, daß das eigene Leben durch die gefeierten heiligen Mysterien fortschreitend verwandelt wird. Ziel aller christlichen Erziehung ist es im übrigen, den Gläubigen als „neuen Menschen" heranzubilden zu einem erwachsenen Glauben, der ihn befähigt, in seiner Umgebung die christliche Hoffnung zu bezeugen, die ihn beseelt.

Um innerhalb unserer kirchlichen Gemeinden eine solche Erziehungsaufgabe leisten zu können, bedarf es entsprechend ausgebildeter Personen. Natürlich muß sich das ganze Gottesvolk in dieser Fortbildung engagiert fühlen. Jede christliche Gemeinde ist berufen, ein Ort pädagogischer Einführung in die Mysterien zu sein, die im Glauben gefeiert werden. Diesbezüglich haben die Väter während der Synode die Zweckmäßigkeit einer größeren Einbeziehung der Gemeinschaften gottgeweihten Lebens, der Bewegungen und der Gruppierungen unterstrichen, die kraft ihrer jeweiligen Charismen der christlichen Bildung neuen Schwung verleihen können.[188] Auch in unserer Zeit spart der Heilige Geist sicherlich nicht mit der Ausgießung seiner Gaben, um die apostolische Sendung der Kirche zu unterstützen, der es obliegt, den Glauben zu verbreiten und bis zu seiner Reife heranzubilden.[189]

Die Ehrfurcht vor der Eucharistie

65. Ein überzeugendes Zeichen für die Wirkung, die die eucharistische Katechese auf die Gläubigen ausübt, ist mit Sicherheit ihr zunehmendes Empfindungsvermögen für das Mysterium des unter uns gegenwärtigen Gottes. Das kann durch spezifische Ehrfurchtserweise gegenüber der Eucharistie festgestellt werden, in die der mystagogische Weg die Gläubigen einführen muß.[190] Ich denke ganz allgemein an die Bedeutung der Gesten und der Haltung wie das Knien während der wichtigen Augenblicke des eucharistischen Hochgebetes. In Anpassung an die legitime Verschiedenheit

---

[188] Vgl. *Propositio* 14.
[189] Vgl. BENEDIKT XVI., *Homilie* während der ersten Vesper von Pfingsten (3. Jun. 2006): *AAS* 98 (2006), 509.
[190] Vgl. *Propositio* 34.

der Zeichen, die im Zusammenhang der unterschiedlichen Kulturen praktiziert werden, soll jeder das lebendige Bewußtsein haben und zum Ausdruck bringen, daß er sich in jeder Feier vor der unendlichen Majestät Gottes befindet, die auf demütige Weise in den sakramentalen Zeichen zu uns kommt.

Anbetung
und eucharistische Frömmigkeit

Die innere Beziehung zwischen liturgischer Feier und Anbetung

66. Es war einer der intensivsten Momente der Synode, als wir uns gemeinsam mit vielen Gläubigen zur eucharistischen Anbetung in die Basilika von Sankt Peter begeben haben. Mit diesem Zeichen des Gebetes wollte die Versammlung der Bischöfe stärker als nur mit Worten die Aufmerksamkeit auf die Bedeutung der inneren Beziehung zwischen Eucharistiefeier und Anbetung lenken. In diesem bedeutungsvollen Aspekt des Glaubens der Kirche liegt eines der entscheidenden Elemente des kirchlichen Weges, der nach der vom Zweiten Vatikanischen Konzil angeregten liturgischen Erneuerung zurückgelegt wurde. Während der ersten Schritte dieser Reform wurde manchmal die innere

Beziehung zwischen der heiligen Messe und der Anbetung des Allerheiligsten Sakramentes nicht genügend deutlich wahrgenommen. Ein damals verbreiteter Einwand ging zum Beispiel von der Bemerkung aus, das eucharistische Brot sei uns nicht zum Anschauen, sondern zum Essen gegeben. In Wirklichkeit erwies sich diese alternative Gegenüberstellung im Licht der Gebetserfahrung der Kirche als gänzlich unfundiert. Schon der hl. Augustinus hatte gesagt: *„Nemo autem illam carnem manducat, nisi prius adoravit;... peccemus non adorando —* Niemand ißt dieses Fleisch, ohne zuvor anzubeten;... wir würden sündigen, wenn wir es nicht anbeteten".[191] In der Eucharistie kommt uns ja der Sohn Gottes entgegen und möchte sich mit uns vereinigen; die eucharistische Anbetung ist nichts anderes als die natürliche Entfaltung der Eucharistiefeier, die in sich selbst der größte Anbetungsakt der Kirche ist.[192] Die Eucharistie empfangen heißt, den anbeten, den wir empfangen; gerade so, nur so werden wir eins mit ihm und bekommen in gewisser Weise einen Vorgeschmack der Schönheit der himmlischen Liturgie. Der Akt der Anbetung

---

[191] *Enarrationes in Psalmos* 98,9: *CCL* XXXIX, 1385; Vgl. BENEDIKT XVI., *Ansprache an die Römische Kurie* (22. Dezember 2005): *AAS* 98 (2006), 44-45.
[192] Vgl. *Propositio* 6.

außerhalb der heiligen Messe verlängert und intensiviert, was in der liturgischen Feier selbst getan wurde: „Nur im Anbeten kann tiefes und wahres Empfangen reifen. Und gerade in diesem persönlichsten Akt der Begegnung mit dem Herrn reift dann auch die soziale Sendung, die in der Eucharistie enthalten ist und nicht nur die Grenze zwischen dem Herrn und uns, sondern vor allem auch die Grenzen aufreißen will, die uns voneinander trennen".[193]

Die Praxis der eucharistischen Anbetung

67. Gemeinsam mit der Synodenversammlung empfehle ich darum den Hirten der Kirche und dem Gottesvolk von Herzen die eucharistische Anbetung, sei es allein oder in Gemeinschaft.[194] In diesem Zusammenhang wird eine angemessene Katechese von großem Nutzen sein, in der den Gläubigen die Bedeutung dieses kultischen Aktes erklärt wird, der es ermöglicht, die liturgische Feier

---

[193] BENEDIKT XVI., *Ansprache an die Römische Kurie* (22. Dezember 2005): *AAS* 98 (2006), 45.
[194] Vgl. *Propositio* 6; KONGREGATION FÜR DEN GOTTESDIENST UND DIE SAKRAMENTENORDNUNG, *Direktorium über Volksfrömmigkeit und Liturgie* (17. Dezember 2001) Nr. 164-165, Vatikanstadt 2002, S. 137. 139; KONGREGATION FÜR DIE RITEN, Instr. *Eucharisticum Mysterium* (25. Mai 1967): *AAS* 57 (1967), 539-573.

an sich tiefer und fruchtbringender zu erleben. Im Bereich des Möglichen sollten dann vor allem in den bevölkerungsreicheren Gebieten Kirchen oder Oratorien bestimmt und eigens für die ewige Anbetung bereitgestellt werden. Außerdem empfehle ich, den Kindern im katechistischen Unterricht und besonders in den Vorbereitungskursen zur Erstkommunion den Sinn und die Schönheit des Verweilens bei Jesus nahezubringen und das Staunen angesichts seiner Gegenwart in der Eucharistie zu pflegen.

Ich möchte hier allen Instituten gottgeweihten Lebens, deren Mitglieder einen bedeutenden Teil ihrer Zeit der eucharistischen Anbetung widmen, meine Bewunderung und Unterstützung zum Ausdruck bringen. Auf diese Weise bieten sie allen das Beispiel von Menschen, die sich von der wirklichen Gegenwart des Herrn formen lassen. Ebenso möchte ich die Vereinigungen von Gläubigen wie auch die Bruderschaften ermutigen, die diese Praxis als ihre besondere Verpflichtung übernommen haben; sie werden so zum Ferment der Betrachtung für die ganze Kirche und zum Hinweis auf die Zentralität Christi für das Leben des Einzelnen und der Gemeinschaften.

Formen eucharistischer Frömmigkeit

68. Die persönliche Beziehung, die der Einzelne mit dem in der Eucharistie gegenwärtigen Jesus herstellt, verweist ihn immer auf das Ganze der kirchlichen Gemeinschaft, indem sie in ihm das Bewußtsein seiner Zugehörigkeit zum Leib Christi nährt. Darum lade ich nicht nur die einzelnen Gläubigen ein, persönlich die Zeit zu finden, im Gebet vor dem Altarssakrament zu verweilen, sondern halte es für meine Pflicht, auch die Pfarreien und andere kirchliche Gruppierungen zu ersuchen, Momente gemeinschaftlicher Anbetung einzurichten. Selbstverständlich behalten alle bereits bestehenden Formen eucharistischer Frömmigkeit ihren Wert. Ich denke zum Beispiel an die eucharistischen Prozessionen, vor allem an die traditionelle Fronleichnamsprozession, an die fromme Praxis des vierzigstündigen Gebets, an die lokalen, nationalen und internationalen Eucharistischen Kongresse und an die anderen, ähnlichen Initiativen. In angemessener Weise aktualisiert und den verschiedenen Umständen angepaßt, verdienen diese Frömmigkeitsformen, auch heute gepflegt zu werden.[195]

[195] Vgl. *Relatio post disceptationem*, 11; *L'Osservatore Romano (dt.)* 35. Jg. Nr. 12, S. 13.

Der Standort des Tabernakels in der Kirche

69. In Verbindung mit der Bedeutung der eucharistischen Anbetung und der Ehrfurcht gegenüber dem Sakrament des Opfers Christi hat die Bischofssynode sich gefragt, welches der angemessene Standort des Tabernakels in unseren Kirchen ist.[196] Seine richtige Position hilft nämlich, die wirkliche Gegenwart Christi im Allerheiligsten Sakrament zu erkennen. Es ist nötig, daß der Ort, an dem die eucharistischen Gestalten aufbewahrt werden, für jeden, der in die Kirche eintritt, leicht auszumachen ist, nicht zuletzt auch durch das ewige Licht. Zu diesem Zweck muß die architektonische Anlage des sakralen Gebäudes berücksichtigt werden: In den Kirchen, in denen keine Sakramentskapelle existiert und der Hauptaltar mit dem Tabernakel fortbesteht, ist es zweckmäßig, sich zur Bewahrung und Anbetung der Eucharistie dieser Struktur zu bedienen und zu vermeiden, davor den Sitz des Zelebranten aufzustellen. In den neuen Kirchen ist es gut, die Sakramentskapelle in der Nähe des Presbyteriums zu planen; wo das nicht möglich ist, sollte der Tabernakel am besten im Presbyterium an einem ausreichend erhöhten Ort im Apsisbereich aufgestellt werden oder an

---

[196] Vgl. *Propositio* 28.

einem anderen Punkt, wo er ebenso gut zu sehen ist. Solch umsichtige Maßnahmen tragen dazu bei, dem Tabernakel, der immer auch künstlerisch sorgsam gestaltet werden sollte, Würde zu verleihen. Natürlich ist es nötig, alles zu berücksichtigen, was die *Allgemeine Einführung in das Römische Meßbuch* zu diesem Thema sagt.[197] Das letzte Urteil in dieser Sache liegt in jedem Fall beim Bischof.

---

[197] Vgl. Nr. 314.

DRITTER TEIL

EUCHARISTIE, EIN GEHEIMNIS, DAS MAN LEBT

»Wie mich der lebendige Vater gesandt hat und wie ich durch den Vater lebe, so wird jeder, der mich ißt, durch mich leben« (*Joh* 6,57)

Eucharistische Form des christlichen Lebens

Der geistige Gottesdienst – logiké latreía (Röm 12,1)

70. Jesus, der Herr, der sich für uns zur Speise der Wahrheit und der Liebe gemacht hat, versichert uns, als er von der Hingabe seines Lebens spricht: „Wer von diesem Brot ißt, wird in Ewigkeit leben" (*Joh* 6,51). Aber dieses „ewige Leben" beginnt in uns schon in dieser Zeit durch die Veränderung, die die eucharistische Gabe in uns erzeugt: „Jeder, der mich ißt, wird durch mich leben" (*Joh* 6,57). Diese Worte Jesu lassen uns begreifen, wie das

„geglaubte" und „gefeierte" Mysterium eine Dynamik in sich birgt, die es in uns zum Ursprung neuen Lebens und christlicher Lebensform macht. Indem wir uns mit dem Leib und dem Blut Jesu Christi vereinen, werden wir nämlich in immer erwachsenerer und bewußterer Weise des göttlichen Lebens teilhaftig. Auch hier gilt, was der hl. Augustinus in seinen *Bekenntnissen* über den ewigen *Logos*, die Speise der Seele, sagt: Der heilige Kirchenlehrer betont den paradoxen Charakter dieser Speise, indem er eine Stimme zu hören meint, die zu ihm spricht: „Ich bin die Speise der Großen: Du wächst und wirst mich essen. Und nicht ich werde dir anverwandelt werden wie die Nahrung deines Leibes, sondern du wirst mir anverwandelt werden".[198] Tatsächlich ist es nicht die eucharistische Nahrung, die sich in uns verwandelt, sondern wir sind es, die durch sie geheimnisvoll verändert werden. Christus nährt uns, indem er uns mit sich vereint, uns „in sich hineinzieht".[199]

Die Eucharistiefeier erscheint hier in ihrer ganzen Kraft als Quelle und Höhepunkt des kirchlichen Lebens, insofern sie zugleich sowohl den Ur-

---

[198] VII, 10, 16: *PL* 32, 742.
[199] BENEDIKT XVI., *Homilie auf dem Marienfeld*, (21. August 2005): *AAS* 97 (2005), 892; vgl. *Homilie während der Vigilfeier von Pfingsten* (3. Juni 2006): *AAS* 98 (2006), 505.

sprung als auch die Vollendung des neuen und endgültigen Gottesdienstes ausdrückt, die *logiké latreía*.[200] Die diesbezüglichen Worte des hl. Paulus an die Römer formulieren in gedrängtester Form, wie die Eucharistie unser ganzes Leben in einen geistigen Gottesdienst verwandelt, der Gott gefällt: „Angesichts des Erbarmens Gottes ermahne ich euch, meine Brüder, euch selbst [wörtlich: eure Leiber] als lebendiges und heiliges Opfer darzubringen, das Gott gefällt; das ist euer geistiger Gottesdienst" (*Röm* 12,1). In diesem Aufruf erscheint das Bild des neuen Gottesdienstes als Ganzhingabe der eigenen Person in Gemeinschaft mit der gesamten Kirche. Das Bestehen des Apostels auf der Hingabe unseres Leibes unterstreicht die menschliche Konkretheit eines Kultes, der alles andere als unkörperlich ist. Wieder ist es der Heilige von Hippo, der uns in diesem Zusammenhang daran erinnert, daß „dieses das Opfer der Christen ist: viele und zugleich ein einziger Leib in Christus zu sein. Die Kirche feiert dieses Geheimnis mit dem Altarssakrament, das die Gläubigen gut kennen und in dem ihr deutlich gezeigt wird, daß in dem, was geopfert wird, sie selbst es ist, die geopfert wird".[201] Und so

---

[200] Vgl. *Relatio post disceptationem*, 6,47: *L'Osservatore Romano (dt.)* 35. Jg. Nr. 45, S. 12.16; *Propositio* 43.
[201] *De civitate Dei*, X, 6: *Pl* 41, 284.

bestätigt auch die katholische Lehre, daß die Eucharistie in ihrer Eigenschaft als Opfer Christi ebenfalls Opfer der Kirche und somit der Gläubigen ist.[202] Das Beharren auf dem Opfer (lateinisch: *sacri-ficium*, was soviel bedeutet wie „heilig gemacht") besagt hier die ganze existentielle Dichte, die in der Verwandlung unserer von Christus ergriffenen (vgl. *Phil* 3,12) menschlichen Natur enthalten ist.

Allumfassende Wirkkraft des eucharistischen Kultes

71. Der neue christliche Gottesdienst umfaßt jeden Aspekt des Daseins und verwandelt ihn: „Ob ihr also eßt oder trinkt oder etwas anderes tut: tut alles zur Verherrlichung Gottes" (*1 Kor* 10,31). In jedem Akt seines Lebens ist der Christ berufen, die wahre Gottesverehrung auszudrücken. Von da her nimmt das zuinnerst eucharistische Wesen des christlichen Lebens Form an. Insofern die Eucharistie die menschliche Wirklichkeit in ihrer alltäglichen Konkretheit mit einbezieht, ermöglicht sie Tag um Tag die fortschreitende Verwandlung des Menschen, der aus Gnade berufen ist, das Ebenbild des Sohnes Gottes zu sein (vgl. *Röm* 8,29f;). Es gibt nichts authentisch Menschliches — Gedanken und

---

[202] Vgl. *Katechismus der Katholischen Kirche*, 1368.

Gefühle, Worte und Werke —, was im Sakrament der Eucharistie nicht die passende Form findet, in Fülle gelebt zu werden. Hier tritt der ganze anthropologische Wert der von Christus mit der Eucharistie gebrachten Neuheit zutage: Der Gottesdienst kann im menschlichen Leben nicht auf einen besonderen privaten Moment beschränkt werden, sondern von seinem Wesen her neigt er dazu, jeden Aspekt der Wirklichkeit des Individuums zu durchdringen. Der Gottesdienst, der Gott gefällt, wird so zu einem neuen Erleben aller Gegebenheiten des Daseins, in dem jede Einzelheit eine innere Aufwertung erfährt, insofern sie in der Beziehung zu Christus und als Hingabe an Gott gelebt wird. „Die Verherrlichung Gottes ist der lebendige Mensch (vgl. *1 Cor* 10,31). Und das Leben des Menschen ist die Schau Gottes".[203]

Iuxta dominicam viventes – *sonntäglich leben*

72. Diese radikale Neuheit, die die Eucharistie in das Leben des Menschen hineinträgt, ist dem christlichen Bewußtsein von Anfang an offenbar geworden. Die Gläubigen haben sofort den tiefen Einfluß wahrgenommen, den die Eucharistiefeier auf ihren Lebensstil ausübte. Der hl. Ignatius von

---

[203] Vgl. IRENÄUS, *Gegen die Häresien* IV, 20, 7: *PG* 7, 1037.

Antiochien drückte diese Wahrheit aus, indem er die Christen als diejenigen bezeichnete, „die zur neuen Hoffnung gelangt sind", und er stellte sie als diejenigen dar, die „sonntäglich leben" (*iuxta dominicam viventes*).[204] Diese Formulierung des großen antiochenischen Märtyrers hebt die Verbindung zwischen der eucharistischen Realität und der christlichen Existenz in ihrer Alltäglichkeit klar hervor. Die charakteristische Gewohnheit der Christen, sich am ersten Tag nach dem Sabbat zu versammeln, um die Auferstehung Christi zu feiern, ist — nach dem Bericht des heiligen Märtyrers Justin[205] — auch das Faktum, welches die Lebensform bestimmt, die durch die Begegnung mit Christus erneuert ist. Die Formulierung des hl. Ignatius — „sonntäglich leben" — unterstreicht auch den paradigmatischen Wert, den dieser heilige Tag für jeden anderen Tag der Woche besitzt. Er zeichnet sich nämlich nicht aufgrund der bloßen Unterbrechung der üblichen Tätigkeiten aus, wie eine Art Parenthese im gewöhnlichen Rhythmus der Tage. Die Christen haben diesen Tag immer als den ersten Tag der Woche empfunden, weil an ihm das Gedächtnis der von Christus gebrachten radikalen Neuheit gehalten wird. Darum ist der Sonntag der

---

[204] *Brief an die Magnesier* 9,1: *PG* 5, 670.
[205] Vgl. *1. Apologie* 67, 1-6; 66: *PG* 6 430f. 427. 430.

Tag, an dem der Christ jene eucharistische Form seines Lebens wiedererlangt, nach der ständig zu leben er berufen ist. „Sonntäglich leben" heißt, im Bewußtsein der von Christus gebrachten Befreiung zu leben und das eigene Dasein zu entfalten als Selbsthingabe an Gott, damit sein Sieg durch ein von innen her erneuertes Verhalten allen Menschen gänzlich offenbar werde

Das Sonntagsgebot leben

73. Im Wissen um dieses neue Lebensprinzip, das die Eucharistie in den Christen einpflanzt, haben die Synodenväter die Bedeutung des Sonntagsgebotes als Quelle authentischer Freiheit für alle Gläubigen bekräftigt, damit sie jeden anderen Tag in Übereinstimmung mit dem leben können, was sie am „Tag des Herrn" gefeiert haben. Das Glaubensleben ist nämlich in Gefahr, wenn der Wunsch nicht mehr empfunden wird, an der Eucharistiefeier teilzunehmen, in der man des Ostersieges gedenkt. Gemeinsam mit allen Brüdern und Schwestern, mit denen man ein Leib in Christus ist, an der sonntäglichen liturgischen Versammlung teilzunehmen, wird vom christlichen Gewissen gefordert und bildet zugleich das christliche Gewissen. Das Empfinden für den Sonntag als den zu heiligenden Tag des Herrn zu verlieren, ist ein Symptom für ein

Abhandenkommen des eigentlichen Sinns der christlichen Freiheit, der Freiheit der Kinder Gottes.[206] Diesbezüglich bleiben die Bemerkungen wertvoll, die mein verehrter Vorgänger Johannes Paul II. im Apostolischen Schreiben *Dies Domini*[207] gemacht hat im Zusammenhang mit den verschiedenen Dimensionen des Sonntags für die Christen: Dieser Tag ist *Dies Domini* in bezug auf das Schöpfungswerk; er ist *Dies Christi*, weil er der Tag der neuen Schöpfung und des Geschenks des Heiligen Geistes ist, das der Auferstandene Herr macht; er ist *Dies Ecclesiae* als der Tag, an dem die christliche Gemeinde sich zur Feier zusammenfindet; er ist *Dies hominis* als Tag der Freude, der Ruhe und der Bruderliebe.

Ein solcher Tag offenbart sich daher als „Ur-Feiertag", an dem jeder Gläubige in der Umgebung, in der er lebt, zum Verkünder und Hüter des Sinnes der Zeit werden kann. Aus diesem Tag gehen nämlich der christliche Sinn des Lebens hervor und eine neue Art, die Zeit, die Beziehungen, die Arbeit, das Leben und den Tod zu erleben. Darum ist es gut, wenn von kirchlicher Seite um die Eucharistiefeier herum eigene Veranstaltungen der christlichen Gemeinde organisiert werden: freundschaft-

---

[206] Vgl. *Propositio* 30.
[207] Vgl. *AAS* 90 (1998), 713-766.

liches Beisammensein, Initiativen zur Erziehung von Kindern, Jugendlichen und Erwachsenen im Glauben, Wallfahrten, Werke der Nächstenliebe und verschiedene Zeiten des Gebetes. So wahr es ist, daß der Samstagabend von der ersten Vesper an schon zum Sonntag gehört und es darum erlaubt ist, an ihm bereits die Sonntagspflicht zu erfüllen, ist es aufgrund dieser so bedeutenden Werte doch nötig, ins Gedächtnis zurückzurufen, daß es der Sonntag selbst ist, der verdient, geheiligt zu werden, damit er am Ende nicht ein Tag der „Gottesleere" wird.[208]

Der Sinn von Ruhe und Arbeit

74. Schließlich ist es in unserer Zeit besonders dringend, daran zu erinnern, daß der Tag des Herrn auch der Tag der Ruhe von der Arbeit ist. Wir wünschen uns von Herzen, daß er als solcher auch von der zivilen Gesellschaft anerkannt wird, so daß es möglich ist, von der beruflichen Tätigkeit frei zu sein, ohne dafür bestraft zu werden. Tatsächlich haben die Christen — nicht ohne Beziehung zur Bedeutung des Sabbats in der jüdischen Tradition — im Tag des Herrn auch den Tag der Ruhe von den alltäglichen Mühen gesehen. Das hat sei-

---

[208] *Propositio* 30.

nen ganz bestimmten Sinn, denn es stellt eine *Relativierung der Arbeit* dar, die auf den Menschen ausgerichtet wird: Die Arbeit ist für den Menschen da und nicht der Mensch für die Arbeit. Der Schutz, der dadurch dem Menschen selbst geboten wird, ist leicht zu erahnen: Auf diese Weise ist er von einer möglichen Form der Sklaverei befreit. Wie ich bereits betont habe, „besitzt die Arbeit eine primäre Bedeutung für die Verwirklichung des Menschen und für die Entwicklung der Gesellschaft, und muß darum immer in voller Achtung der menschlichen Würde und im Dienst am Gemeinwohl organisiert und entfaltet werden. Zugleich ist es unverzichtbar, daß der Mensch sich nicht von der Arbeit verknechten läßt, daß er sie nicht zum Götzen macht, indem er sich einbildet, in ihr den letzten und endgültigen Sinn des Lebens zu finden".[209] Der gottgeweihte Tag ist es, der dem Menschen das Verständnis für den Sinn seines Lebens und auch seiner beruflichen Tätigkeit erschließt.[210]

---

[209] *Homilie* (19. März 2006): *AAS* 98 (2006), 324.

[210] Ganz richtig bemerkt diesbezüglich das *Kompendium der Soziallehre der Kirche*, 258: „Dem an die Notwendigkeit der Arbeit gebundenen Menschen öffnet die Ruhe die Aussicht auf eine vollkommenere Freiheit, die des ewigen Sabbats (vgl. *Hebr* 4,9-10). Die Ruhe gestattet den Menschen, sich die Werke Gottes von der Schöpfung bis zur Erlösung ins Gedächtnis zu rufen und sie nachzuerleben, sich selbst als sein

*Sonntägliche Versammlungen
in Abwesenheit eines Priesters*

75. Wenn man die Bedeutung der sonntäglichen Feier für das Leben des Christen wiederentdeckt, stellt man sich unwillkürlich die Frage nach jenen Gemeinden, in denen der Priester fehlt und wo es folglich nicht möglich ist, die heilige Messe am Tag des Herrn zu feiern. Dazu muß gesagt werden, daß wir uns vor untereinander sehr verschiedenen Situationen befinden. Die Synode hat den Gläubigen vor allem empfohlen, sich in eine der Kirchen der Diözese zu begeben, in der die Gegenwart des Priesters gewährleistet ist, auch wenn das ein gewisses Opfer verlangt.[211] Dort, wo dagegen die großen Entfernungen die Teilnahme an der sonntäglichen Eucharistiefeier praktisch unmöglich machen, ist es wichtig, daß die christlichen Gemeinden sich gleichwohl versammeln, um den Herrn zu loben und des ihm geweihten Tages zu gedenken. Das muß jedoch geschehen im Zusammenhang einer entsprechenden Belehrung über den Unterschied zwischen der heiligen Messe und den sonntäglichen Versammlungen in Erwartung eines Priesters. Die Seelsorge der Kirche muß in

---

Werk anzuerkennen (vgl. *Hebr* 2,10) und für das eigene Leben und Bestehen dem Dank zu sagen, der sein Urheber ist."
[211] Vgl. *Propositio* 10.

diesem Fall dadurch zum Ausdruck kommen, daß sie darüber wacht, daß der Wortgottesdienst unter der Leitung eines Diakons oder eines Verantwortlichen der Gemeinde organisiert wird, dem dieses Amt von der zuständigen Stelle offiziell übertragen worden ist, und daß er nach einem spezifischen, von den Bischofskonferenzen erarbeiteten und für diesen Zweck von ihnen approbierten Rituale vollzogen wird.[212] Ich erinnere daran, daß es den Ordinarien obliegt, die Erlaubnis zur Austeilung der Kommunion in diesen Liturgien zu erteilen, wobei sie die Zweckmäßigkeit einer gewissen Entscheidung sorgfältig abwägen sollten. Darüber hinaus muß darauf geachtet werden, daß solche Versammlungen keine Verwirrung über die zentrale Rolle des Priesters und über die sakramentale Komponente im Leben der Kirche erzeugen. Die Wichtigkeit der Rolle der Laien, denen für ihre Großherzigkeit im Einsatz für die christlichen Gemeinden zu Recht Dank gebührt, darf niemals den unersetzlichen Dienst der Priester für das Leben der Kirche verschleiern.[213] Darum wache man aufmerksam darüber, daß die Versammlungen in Er-

---

[212] Vgl. *ebd.*
[213] Vgl. BENEDIKT XVI., *Ansprache an die Bischöfe der Bischofskonferenz von Kanada/Quebec beim Besuch „ad limina Apostolorum"* (11. Mai 2006): *L'Osservatore Romano (dt.)* 36. Jg. Nr. 25, S. 10

wartung eines Priesters nicht Anlaß geben zu ekklesiologischen Vorstellungen, die nicht mit der Wahrheit des Evangeliums und der Überlieferung der Kirche übereinstimmen. Sie sollten vielmehr bevorzugte Gelegenheiten sein, zu Gott zu beten, daß er heilige Priester nach seinem Herzen sende. Beeindruckend ist in diesem Zusammenhang, was Papst Johannes Paul II. in seinem *Brief an die Priester* zum Gründonnerstag 1979 schrieb. Er erinnerte an jene Orte, wo die Menschen, die durch das diktatorische Regime ihren Priester verloren hatten, sich in einer Kirche oder einem Wallfahrtsort versammelten, auf den Altar die noch bewahrte Stola legten und die Gebete der eucharistischen Liturgie sprachen. „Im Moment, der der Transsubstantiation entsprach", hielten sie schweigend inne, zum Zeugnis dafür, wie „brennend sie sich danach sehnten, die Worte zu hören, die nur der Mund eines Priesters wirkkräftig aussprechen kann".[214] Gerade aus dieser Sicht bitte ich in Anbetracht des unvergleichlichen Gutes, das aus der Feier des eucharistischen Opfers hervorgeht, alle Priester um eine aktive und konkrete Bereitschaft, die ihrer Seelsorge anvertrauten Gemeinden so oft wie möglich zu besuchen, damit sie nicht zu lange ohne das Sakrament der Liebe verbleiben.

[214] Nr. 10: *AAS* 71 (1979), 414-415.

Eine eucharistische Form des christlichen Lebens, die kirchliche Zugehörigkeit

76. Die Bedeutung des Sonntags als *Dies Ecclesiae* erinnert uns an die innere Verbindung zwischen dem Sieg Jesu über das Böse und den Tod und unserer Zugehörigkeit zum kirchlichen Leib. Jeder Christ entdeckt nämlich am Tag des Herrn auch die gemeinschaftliche Dimension des eigenen erlösten Lebens. An der liturgischen Handlung teilzunehmen, mit dem Leib und dem Blut Christi zu kommunizieren heißt zugleich, die eigene Zugehörigkeit zu dem, der für uns gestorben ist, immer mehr zu verinnerlichen und zu vertiefen (vgl. *1 Kor* 6,19f; 7,23). Wirklich — wer Christus ißt, lebt durch ihn. In Verbindung mit dem eucharistischen Mysterium versteht man den tiefen Sinn der *communio sanctorum*. Die Kommunion besitzt immer und untrennbar eine vertikale und eine horizontale Kennzeichnung: Gemeinschaft mit Gott und Gemeinschaft mit den Brüdern und Schwestern. Die beiden Dimensionen begegnen sich geheimnisvoll in der eucharistischen Gabe. „Wo die Gemeinschaft mit Gott zerstört wird, die Gemeinschaft mit dem Vater, dem Sohn und dem Heiligen Geist ist, da wird auch die Wurzel und die Quelle der Gemeinschaft unter uns zerstört. Und wo die Gemeinschaft unter uns nicht gelebt wird, ist auch die

Gemeinschaft mit dem Dreifaltigen Gott nicht lebendig und wahr".[215] Da wir also berufen sind, Glieder Christi zu sein und somit Glieder, die zueinander gehören (vgl. *1 Kor* 12,27), bilden wir eine Wirklichkeit, die ontologisch in der Taufe begründet ist und durch die Eucharistie ernährt wird — eine Wirklichkeit, die verlangt, im Leben unserer Gemeinschaften eine spürbare Entsprechung zu finden.

Die eucharistische Form des christlichen Lebens ist zweifellos eine kirchliche und gemeinschaftliche Form. Durch die Diözese und die Pfarreien als tragende Strukturen der Kirche in einem besonderen Gebiet kann jeder Gläubige die konkrete Erfahrung seiner Zugehörigkeit zum Leib Christi machen. Vereinigungen, kirchliche Bewegungen und neue Gemeinschaften — mit der Lebendigkeit ihrer Charismen, die vom Heiligen Geist für unsere Zeit geschenkt werden — wie auch die Institute gottgeweihten Lebens haben die Aufgabe, ihren spezifischen Beitrag zu liefern, um bei den Gläubigen die Wahrnehmung dieses ihres Dem-Herrn-*Gehörens* (vgl. *Röm* 14,8) zu fördern. Das Phänomen der Säkularisierung, das nicht zufällig stark individualistische Züge enthält, hat seine

---

[215] BENEDIKT XVI., Generalaudienz vom 29. März 2006: *L'Osservatore Romano (dt.)* 36. Jg. Nr. 14, S. 2.

schädlichen Wirkungen vor allem bei Personen, die sich absondern aufgrund eines schwachen Zugehörigkeitsgefühls. Das Christentum schließt von seinem Anfang an immer ein Miteinander ein, ein Netz von Beziehungen, die durch das Hören des Wortes und die Eucharistiefeier fortwährend belebt und durch den Heiligen Geist beseelt werden.

Spiritualität und eucharistische Kultur

77. Die Synodenväter haben bezeichnenderweise bekräftigt, daß „die gläubigen Christen ein tieferes Verständnis der Beziehungen zwischen der Eucharistie und dem täglichen Leben brauchen. Die eucharistische Spiritualität ist nicht nur Teilnahme an der Messe und Verehrung des Allerheiligsten Altarssakramentes. Sie umfaßt das gesamte Leben".[216] Diese Bemerkung besitzt für uns alle heute eine besondere Bedeutung. Man muß zugeben, daß eine der schwerwiegendsten Wirkungen der eben erwähnten Säkularisierung darin besteht, daß sie den christlichen Glauben an den Rand der Existenz verbannt hat, als sei er in bezug auf die konkrete Entfaltung des Lebens der Menschen unnötig. Das Scheitern dieser Art zu leben, „als ob Gott nicht existierte", steht jetzt allen vor Augen.

---

[216] *Propositio* 39.

Heute ist es nötig wiederzuentdecken, daß Jesus Christus nicht eine bloße private Überzeugung oder eine abstrakte Lehre ist, sondern eine reale Person, deren Eintreten in die Geschichte imstande ist, das Leben aller zu ändern. Darum muß die Eucharistie als Quelle und Höhepunkt von Leben und Sendung der Kirche in Spiritualität, in Leben „nach dem Geist" (*Röm* 8,4f; vgl. *Gal* 5,16.25) umgesetzt werden. Es ist bezeichnend, daß der hl. Paulus an der Stelle des *Briefes an die Römer*, wo er dazu auffordert, den neuen geistigen Gottesdienst zu leben, zugleich an die Notwendigkeit der Änderung der eigenen Art zu leben und zu denken erinnert: „Gleicht euch nicht dieser Welt an, sondern wandelt euch und erneuert euer Denken, damit ihr prüfen und erkennen könnt, was der Wille Gottes ist; was ihm gefällt, was gut und vollkommen ist" (12,2). Auf diese Weise unterstreicht der Völkerapostel die Verbindung zwischen dem wahren geistigen Gottesdienst und der Notwendigkeit einer neuen Art, das Dasein wahrzunehmen und das Leben zu führen. Ein wesentlicher Bestandteil der eucharistischen Form des christlichen Lebens ist die Erneuerung des Denkens, um „nicht mehr unmündige Kinder [zu] sein, ein Spiel der Wellen, hin und her getrieben von jedem Widerstreit der Meinungen" (*Eph* 4,14)

Eucharistie und Evangelisierung der Kultur

78. Aus dem Gesagten folgt, daß das eucharistische Geheimnis uns *in den Dialog* mit den verschiedenen Kulturen führt, *diese* aber auch in gewissem Sinne *herausfordert*.[217] Man muß den interkulturellen Charakter dieses neuen Gottesdienstes, dieser *logiké latreía* anerkennen. Die Gegenwart Jesu Christi und die Ausgießung des Heiligen Geistes sind Ereignisse, die beständig mit jeglicher kulturellen Wirklichkeit den Vergleich aufnehmen können, um sie nach Art des Evangeliums zu fermentieren. Das bringt konsequenterweise die Verpflichtung mit sich, mit Überzeugung die Evangelisierung der Kulturen zu fördern, in dem Bewußtsein, daß Christus selbst die Wahrheit jedes Menschen und der ganzen Menschheitsgeschichte ist. Die Eucharistie wird zum Wertmaßstab von allem, was der Christ in den verschiedenen kulturellen Ausdrucksformen antrifft. In diesem wichtigen Prozeß können wir die Aufforderung des hl. Paulus im *Ersten Brief an die Thessalonicher*: „Prüft alles, und behaltet das Gute!" (5,21) als äußerst bedeutungsvoll erfahren.

---

[217] Vgl. *Relatio post disceptationem*, 30: *L'Osservatore Romano (dt.)* 35. Jg. Nr. 45, S. 15.

Eucharistie und gläubige Laien

79. In Christus, dem Haupt der Kirche, die sein Leib ist, sind alle Christen, „ein auserwähltes Geschlecht, eine königliche Priesterschaft, ein heiliger Stamm, ein Volk, das sein besonderes Eigentum wurde, damit es seine großen Taten verkündet" (vgl. *1 Petr* 2,9). Die Eucharistie als Geheimnis, das man leben muß, bietet sich jedem von uns in der Lage an, in der er sich befindet, und läßt seine existentielle Situation zu dem Ort werden, an dem er tagtäglich die christliche Neuheit leben muß. Wenn das eucharistische Opfer in uns das nährt und wachsen läßt, was uns in der Taufe, durch die wir alle zur Heiligkeit berufen sind,[218] schon gegeben worden ist, dann muß das genau in den Lebenssituationen oder –ständen zutage treten und sich erweisen, in denen jeder einzelne Christ sich befindet. Man wird Tag für Tag zu einem Gott wohlgefälligen Gottesdienst, wenn man sein Leben als Berufung lebt. Von der liturgischen Versammlung her ist es das Sakrament der Eucharistie selbst, das uns in der alltäglichen Wirklichkeit verpflichtet, damit alles zur Ehre Gottes getan werde.

Und da die Welt „der Acker" (*Mt* 13,38) ist, in die Gott seine Kinder als guten Samen einsenkt,

---

[218] Vgl. ZWEITES VATIKANISCHES KONZIL, Dogm. Konst. über die Kirche *Lumen gentium*, 39-42.

sind die christlichen Laien kraft der Taufe und der Firmung und gestärkt durch die Eucharistie dazu berufen, die von Christus gebrachte radikale Neuheit gerade in den gewöhnlichen Lebensbedingungen zu leben.[219] Sie müssen den Wunsch hegen, daß die Eucharistie sich ihrem Alltagsleben immer tiefer einprägt und sie dazu führt, erkennbare Zeugen in ihrem Arbeitsbereich und in der ganzen Gesellschaft zu werden.[220] Eine besondere Ermutigung richte ich an die Familien, aus diesem Sakrament Anregung und Kraft zu schöpfen. Die Liebe zwischen Mann und Frau, das Annehmen des Lebens und die Erziehungsaufgabe erweisen sich als bevorzugte Gebiete, in denen die Eucharistie ihre Fähigkeit zeigen kann, das Leben zu verwandeln und zur Sinnfülle zu führen.[221] Die Hirten sollen niemals versäumen, die gläubigen Laien zu unterstützen, zu erziehen und zu ermutigen, ihre Berufung zur Heiligkeit voll auszuleben in jener Welt, die Gott so sehr geliebt hat, daß er seinen Sohn hingegeben hat, damit er ihre Rettung werde (vgl. *Joh* 3,16).

---

[219] Vgl. JOHANNES PAUL II., Nachsynodales Apostolisches Schreiben *Christifideles laici* (30. Dezember 1988), 14.16: *AAS* 81 (1989), 409-413; 416-418.
[220] Vgl. *Propositio* 39.
[221] Vgl. *ebd.*

Eucharistie und priesterliche Spiritualität

80. Die eucharistische Form des christlichen Lebens offenbart sich zweifellos in besonderer Weise im priesterlichen Lebensstand. Die priesterliche Spiritualität ist von ihrem inneren Wesen her eucharistisch. Der Same einer solchen Spiritualität findet sich schon in den Worten, die der Bischof in der Weiheliturgie spricht: „Empfange die Gaben des Volkes für die Feier des Opfers. Bedenke, was du tust, ahme nach, was du vollziehst, und stelle dein Leben unter das Geheimnis des Kreuzes".[222] Um seinem Leben eine immer vollkommenere eucharistische Form zu geben, muß der Priester schon in der Zeit der Ausbildung und dann in den folgenden Jahren weiten Raum lassen für das geistliche Leben.[223] Er ist berufen, fortwährend ein authentischer Gottsucher zu sein, auch wenn er zugleich den Sorgen der Menschen nahe bleiben muß. Ein intensives geistliches Leben wird ihm erlauben, tiefer in Gemeinschaft mit dem Herrn zu treten, und ihm helfen, sich von der Liebe Gottes in Besitz nehmen zu lassen, so daß er in jeder,

---

[222] *Pontificale Romano. Die Weihe des Bischofs, der Priester und der Diakone*, Die Weihe eines einzelnen Priesters, Nr. 68.

[223] Vgl. JOHANNES PAUL II., Nachsynodales Apostolisches Schreiben *Pastores dabo vobis* (25. März 1992), 19-33; 70-81: *AAS* 84 (1992), 686-712; 778-800.

auch schwierigen und dunklen Lage ihr Zeuge wird. Zu diesem Zweck empfehle ich gemeinsam mit den Synodenvätern den Priestern „die tägliche Zelebration der Messe, auch wenn es keine Teilnahme von Gläubigen geben sollte".[224] Diese Empfehlung steht zunächst in Einklang mit dem objektiv unendlichen Wert jeder Eucharistiefeier und hat überdies seinen Beweggrund in ihrer einzigartigen geistlichen Wirkkraft, denn wenn die heilige Messe mit Aufmerksamkeit und Glauben erlebt wird, ist sie formend im tiefsten Sinn des Wortes, da sie die Gleichgestaltung mit Christus fördert und den Priester in seiner Berufung stärkt.

Eucharistie und gottgeweihtes Leben

81. Im Zusammenhang der Beziehung zwischen der Eucharistie und den verschiedenen kirchlichen Berufungen zeichnet sich besonders „das prophetische Zeugnis der Männer und Frauen gottgeweihten Lebens (aus), die in der Eucharistiefeier und in der Anbetung die Kraft finden zur radikalen Nachfolge des gehorsamen, armen und keuschen Christus".[225] Obwohl sie viele Dienste

---

[224] *Propositio* 38.
[225] *Propositio* 39. Vgl. JOHANNES PAUL II., Nachsynodales Apostolisches Schreiben *Vita consecrata* (25. März 1996), 95: *AAS* 88 (1996), 470-471.

auf dem Gebiet der menschlichen Bildung und der Sorge für die Armen, im Unterrichtswesen oder in der Krankenpflege leisten, wissen die Männer und Frauen gottgeweihten Lebens, daß der Hauptzweck ihres Lebens „die Betrachtung der göttlichen Dinge und die ständige Verbindung mit Gott" ist.[226] Der wesentliche Beitrag, den die Kirche sich von dem gottgeweihten Leben erwartet, ist viel mehr auf das Sein bezogen als auf das Tun. In diesem Zusammenhang möchte ich an die Bedeutung des jungfräulichen Zeugnisses gerade in Beziehung zum Geheimnis der Eucharistie erinnern. Außer der Verbindung mit dem priesterlichen Zölibat offenbart das eucharistische Mysterium nämlich eine innere Beziehung zur gottgeweihten Jungfräulichkeit, insofern diese Ausdruck der ausschließlichen Hingabe der Kirche an Christus ist, den sie als ihren Bräutigam mit radikaler und fruchtbarer Treue empfängt.[227] In der Eucharistie empfängt die gottgeweihte Jungfräulichkeit Inspiration und Nahrung für ihre völlige Hingabe an Christus. Außerdem empfängt sie aus der Eucharistie Ermutigung und Antrieb, um auch in unserer Zeit Zeichen der un-

---

[226] *Kodex des kanonischen Rechts*, can. 663, § 1.
[227] Vgl. JOHANNES PAUL II., Nachsynodales Apostolisches Schreiben *Vita consecrata* (25. März 1996), 34: *AAS* 88 (1996), 407-408.

geschuldeten und fruchtbaren Liebe zu sein, die Gott für die Menschheit hegt. Schließlich wird das gottgeweihte Leben durch sein spezifisches Zeugnis objektiv zum Hinweis und zur Vorwegnahme jener „Hochzeit des Lammes" (*Offb* 19,7-9), die das Ziel der gesamten Heilsgeschichte ist. In diesem Sinne stellt sie einen wirkungsvollen Verweis auf jenen eschatologischen Horizont dar, den jeder Mensch braucht, um Orientierung zu finden für seine eigenen Lebensentscheidungen.

Eucharistie und sittliche Verwandlung

82. Mit der Entdeckung der Schönheit der eucharistischen Form des christlichen Lebens kommen wir auch zum Nachdenken über die sittlichen Kräfte, die durch diese Form aktiviert werden zur Unterstützung der authentischen Freiheit, die den Kindern Gottes eigen ist. Damit möchte ich eine Thematik aufgreifen, die sich in der Synode ergab und die die Verbindung zwischen *eucharistischer Lebensform und sittlicher Verwandlung* betrifft. Papst Johannes Paul II. hat gesagt: „Das sittliche Leben besitzt den Wert eines ‚Gottesdienstes' (*Röm* 12, 1; vgl. *Phil* 3, 3), der aus jener unerschöpflichen Quelle von Heiligkeit und Verherrlichung Gottes gespeist wird, die die Sakramente, insbesondere die Eucharistie, sind: Denn durch die Teilnahme am

Kreuzesopfer hat der Christ Gemeinschaft mit der Opferliebe Christi und wird dazu befähigt und verpflichtet, dieselbe Liebe in allen seinen Lebenshaltungen und Verhaltensweisen zu leben".[228] Kurz: „Im ‚Kult' selber, in der eucharistischen Gemeinschaft ist das Geliebtwerden und Weiterlieben enthalten. Eucharistie, die nicht praktisches Liebeshandeln wird, ist in sich selbst fragmentiert".[229]

Diese Erinnerung an die sittliche Bedeutung des geistigen Gottesdienstes ist nicht in moralistischem Sinn zu interpretieren. Es ist vor allem die glückliche Entdeckung der Dynamik der Liebe im Herzen dessen, der das Geschenk des Herrn annimmt, sich ihm ganz hingibt und die wahre Freiheit findet. Die sittliche Verwandlung, die der von Christus eingesetzte neue Gottesdienst einschließt, ist ein inneres Streben und ein herzliches Verlangen, der Liebe des Herrn mit dem ganzen eigenen Sein zu entsprechen, auch wenn man weiß, wie anfällig man ist. Das, wovon wir sprechen, spiegelt sich sehr gut in der Evangeliums-Erzählung von Zachäus wider (vgl. *Lk* 19,1-10). Nachdem er Jesus in seinem Haus bewirtet hat, ist der Zöllner völlig

---

[228] Enzyklika *Veritatis splendor* (6. August 1993), 107: *AAS* 85 (1993), 1216-1217.
[229] BENEDIKT XVI., Enzyklika *Deus caritas est* (25. Dezember 2005), 14: *AAS* 98 (2006), 229.

verwandelt: Er beschließt, die Hälfte seines Vermögens den Armen zu geben und denjenigen, von denen er zu viel gefordert hat, das Vierfache zurückzuerstatten. Das sittliche Streben, das aus der Aufnahme Jesu in unser Leben hervorgeht, entspringt aus der Dankbarkeit, die unverdiente Nähe des Herrn erfahren zu haben.

Eucharistische Konsequenz

83. Wichtig ist, das zu unterstreichen, was die Synodenväter als *eucharistische Konsequenz* bezeichnet haben und wozu unser Leben objektiv berufen ist. Der Gott wohlgefällige Gottesdienst ist nämlich niemals ein nur privater Akt ohne Auswirkungen auf unsere gesellschaftlichen Beziehungen. Er verlangt das öffentliche Zeugnis für den eigenen Glauben. Das gilt selbstverständlich für alle Getauften, erscheint jedoch besonders dringend für diejenigen, die wegen ihrer gesellschaftlichen oder politischen Position Entscheidungen im Zusammenhang mit fundamentalen Werten zu treffen haben, wie die Achtung und der Schutz des menschlichen Lebens von der Empfängnis bis zum natürlichen Tod, die auf die Ehe zwischen Mann und Frau gegründete Familie, die Erziehungsfreiheit für die Kinder und die Förderung des Allgemeinwohls in all seinen

Formen.²³⁰ Diese Werte sind unveräußerlich. Darum müssen sich die katholischen Politiker und Gesetzgeber im Bewußtsein ihrer großen gesellschaftlichen Verantwortung von ihrem recht gebildeten Gewissen in besonderer Weise aufgerufen fühlen, Gesetze vorzuschlagen und zu unterstützen, die von den in der Natur des Menschen begründeten Werten getragen sind.²³¹ Darin liegt im übrigen eine objektive Verbindung zur Eucharistie (vgl. *1 Kor* 11,27-29). Die Bischöfe sind gehalten, diese Werte ständig ins Gedächtnis zu rufen. Das gehört zu ihrer Verantwortung für die ihnen anvertraute Herde.²³²

EUCHARISTIE, EIN MYSTERIUM, DAS VERKÜNDET WERDEN SOLL

Eucharistie und Sendung

84. In der Homilie während der Eucharistiefeier, mit der ich festlich mein Amt als Nachfolger

---

²³⁰ Vgl. JOHANNES PAUL II., Enzyklika *Evangelium vitae* (25. März 1995): *AAS* 87 (1995), 401-522; BENEDIKT XVI., *Ansprache an die Päpstliche Akademie für das Leben* (27. Februar 2006): *AAS* 98 (2006), 264-265.

²³¹ Vgl. KONGREGATION FÜR DIE GLAUBENSLEHRE, *Lehrmäßige Note zu einigen Fragen über den Einsatz und das Verhalten der Katholiken im politischen Leben* (24. November 2002): *AAS* 95 (2004), 359-370.

²³² Vgl. *Propositio* 46.

des Apostels Petrus angetreten habe, sagte ich: „Es gibt nichts Schöneres, als vom Evangelium, von Christus gefunden zu werden. Es gibt nichts Schöneres, als ihn zu kennen und anderen die Freundschaft mit ihm zu schenken".[233] Diese Aussage bekommt eine noch größere Intensität, wenn man an das eucharistische Geheimnis denkt. Tatsächlich können wir die Liebe, die wir im Sakrament feiern, nicht für uns behalten. Sei verlangt von ihrem Wesen her, an alle weitergegeben zu werden. Was die Welt braucht, ist die Liebe Gottes — Christus zu begegnen und an ihn zu glauben. Darum ist die Eucharistie nicht nur Quelle und Höhepunkt des Lebens der Kirche, sondern auch ihrer Sendung: „Eine authentisch eucharistische Kirche ist eine missionarische Kirche".[234] Auch wir müssen mit Überzeugung zu unseren Brüdern und Schwestern sagen können: „Was wir gesehen und gehört haben, das verkünden wir auch euch, damit auch ihr Gemeinschaft mit uns habt!" (*1 Joh* 1,3). Wirklich gibt es nichts Schöneres als Christus zu begegnen und ihn allen mitzuteilen! Im übrigen nimmt gerade die Einsetzung der Eucharistie das vorweg, was das Herz der Sendung Jesu ausmacht: Er ist der Gesandte des Vaters für die Erlösung der Welt

---

[233] *AAS* 97 (2005), 711.
[234] *Propositio* 42.

(vgl. *Joh* 3,16-17; *Röm* 8,32). Beim Letzten Abendmahl vertraut Jesus seinen Jüngern das Sakrament an, welches das Opfer seiner Selbsthingabe vergegenwärtigt, das er im Gehorsam zum Vater für unser aller Heil darbringt. Wir können nicht zum eucharistischen Mahl gehen, ohne uns in die Bewegung der Sendung hineinziehen zu lassen, die vom Innersten Gottes selbst ausgehend darauf abzielt, alle Menschen zu erreichen. Darum ist ein grundlegender Bestandteil der eucharistischen Form des christlichen Lebens das missionarische Streben.

Eucharistie und Zeugnis

85. Die erste und fundamentale Aufgabe, die uns aus den heiligen Geheimnissen, die wir feiern, erwächst, ist die, mit unserem Leben Zeugnis abzulegen. Das Staunen über das Geschenk, das Gott uns in Christus gemacht hat, überträgt unserem Leben eine neue Dynamik, indem es uns verpflichtet, Zeugen seiner Liebe zu sein. Wir werden Zeugen, wenn durch unser Handeln, unsere Worte, unser Sosein ein Anderer erscheint und sich mitteilt. Man kann sagen, daß das Zeugnis das Mittel ist, durch das die Wahrheit der Liebe Gottes den Menschen in der Geschichte erreicht und ihn einlädt, frei diese radikale Neuheit anzunehmen. Im Zeugnis setzt Gott sich sozusagen dem Risiko aus, das in der Freiheit des Menschen liegt. Jesus ist selbst der treue und zuverlässige Zeuge (vgl. *Offb* 1,5; 3,14); er ist gekommen, um für die Wahrheit Zeugnis abzulegen (vgl. *Joh* 18,37). In diesem Gedankenzusammenhang drängt es mich, eine Vorstellung wieder aufzugreifen, die den ersten Christen lieb war, aber auch uns Christen von heute beeindruckt: Das Zeugnis bis zur Selbsthingabe, bis zum Martyrium, ist in der Geschichte der Kirche immer als Höhepunkt des neuen geistigen Gottesdienstes angesehen worden: „Bringt euch selbst als Opfer dar" (vgl. *Röm* 12,1). Man denke zum Beispiel an den Bericht über das Martyrium des hl. Polykarp von Smyrne, eines Schülers des hl. Johannes: Das ganze dramatische Ereignis ist wie eine Liturgie, ja, wie ein Eucharistie-Werden des Märtyrers selbst beschrieben.[235] Denken wir auch an das eucharistische Bewußtsein, das Ignatius von Antiochien im Hinblick auf sein Martyrium zum Ausdruck bringt: Er betrachtet sich als „Weizen Gottes" und wünscht sich, im Martyrium „reines Brot Christi" zu werden.[236] Der Christ, der sein Leben im Martyrium hingibt, geht in die volle Ge-

---

[235] Vgl. *Brief der Kirche von Smyrna über das Martyrium des hl. Polykarp*, XV, 1: *PG* 5, 1039. 1042.
[236] IGNATIUS VON ANTIOCHIEN, *An die Römer*, IV,1: *PG* 5, 690.

meinschaft mit dem Pascha Jesu Christi ein und wird so gemeinsam mit ihm selbst Eucharistie. Noch heute fehlt es der Kirche nicht an Märtyrern, in denen sich die Liebe Gottes in erhabenster Weise offenbart. Auch wenn von uns der Beweis des Martyriums nicht verlangt wird, wissen wir dennoch, daß der Gott wohlgefällige Gottesdienst zuinnerst diese Bereitschaft erfordert[237] und seine Verwirklichung findet im frohen und überzeugten Zeugnis vor der Welt durch ein konsequent christliches Leben in den Bereichen, wo der Herr uns aufträgt, ihn zu verkündigen.

Christus Jesus, der einzige Retter

86. Die Unterstreichung der inneren Beziehung zwischen Eucharistie und Sendung läßt uns auch den letzten Inhalt unserer Verkündigung entdecken. Je lebendiger im Herzen des christlichen Volkes die Liebe zur Eucharistie ist, desto deutlicher wird ihm der Auftrag der Mission: *Christus zu bringen*. Nicht nur eine Idee oder eine an ihm orientierte Ethik, sondern das Geschenk seiner Person selbst. Wer dem Mitmenschen nicht die Wahrheit der LIEBE vermittelt, hat noch nicht genug gegeben.

---

[237] Vgl. ZWEITES VATIKANISCHES KONZIL, Dogm. Konst. über die Kirche *Lumen gentium*, 42.

So erinnert uns die Eucharistie als Sakrament unseres Heiles unweigerlich an die Einzigkeit Christi und an die von ihm vollbrachte Rettung zum Preis seines Blutes. Darum ergibt sich aus dem geglaubten und gefeierten eucharistischen Mysterium der Anspruch, fortwährend alle zum missionarischen Einsatz zu erziehen, dessen Zentrum die Verkündigung Jesu als des einzigen Retters ist.[238] Das verhindert, das entscheidende Werk der Entwicklungshilfe, das jeder authentische Evangelisierungsprozeß einschließt, auf eine bloß soziologische Unternehmung zu reduzieren.

Religionsfreiheit

87. In diesem Zusammenhang möchte ich zur Sprache bringen, was die Väter während der Synodenversammlung in bezug auf die großen Schwierigkeiten gesagt haben, welche die Aufgabe jener christlichen Gemeinden betreffen, die in Situationen der Minderheit leben oder denen sogar die Religionsfreiheit völlig aberkannt wird.[239] Wir müssen dem Herrn wirklich danken für all die Bischöfe,

---

[238] Vgl. *Propositio* 42; vgl. auch KONGREGATION FÜR DIE GLAUBENSLEHRE, Erklärung über die Einzigkeit und die Heilsuniversalität Jesu Christi und der Kirche *Dominus Iesus* (6. August 2000), 13-15: *AAS* 92 (2000), 754-755.

[239] Vgl. *Propositio* 42.

Priester, Personen gottgeweihten Lebens und Laien, die sich in der Verkündigung des Evangeliums aufopfern und ihren Glauben leben, indem sie ihr Leben aufs Spiel setzen. In nicht wenigen Regionen der Welt ist bereits der bloße Kirchgang ein heroisches Zeugnis, das das Leben der Person der Ausgrenzung und der Gewalt aussetzt. Auch bei dieser Gelegenheit möchte ich die Solidarität der ganzen Kirche mit denen, die unter dem Mangel an Kultusfreiheit leiden, bekräftigen. Bekanntlich fehlt dort, wo es keine Religionsfreiheit gibt, letztlich die bedeutendste Freiheit, denn im Glauben drückt der Mensch die innere Entscheidung in bezug auf den eigentlichen Sinn seines Lebens aus. Beten wir deshalb, daß sich die Räume der Religionsfreiheit in allen Staaten ausbreiten mögen, damit die Christen wie auch die Mitglieder der anderen Religionen ihre Überzeugungen persönlich und in Gemeinschaft frei leben können.

Eucharistie, ein Mysterium, das der Welt angeboten werden soll

Eucharistie, gebrochenes Brot für das Leben der Welt

88. „Das Brot, das ich geben werde, ist mein Fleisch für das Leben der Welt" (*Joh* 6,51). Mit diesen Worten offenbart der Herr den wahren Sinn der Hingabe seines Lebens für alle Menschen. Sie zeigen uns auch das tiefe Mitleid, das er mit jedem einzelnen hat. Tatsächlich berichten uns die Evangelien viele Male von den Gefühlen Jesu gegenüber den Menschen, besonders gegenüber den Leidenden und den Sündern (vgl. *Mt* 20,34; *Mk* 6,34; *Lk* 19,41). Durch ein zutiefst menschliches Gefühl drückt er die Heilsabsicht Gottes für jeden Menschen aus, damit er das wahre Leben erreiche. Jede Eucharistiefeier vergegenwärtigt sakramental das Geschenk, das Jesus am Kreuz aus seinem Leben gemacht hat — ein Geschenk für uns und für die ganze Welt. Zugleich macht Jesus uns in der Eucharistie zu Zeugen von Gottes Mitleid mit jedem Bruder und jeder Schwester. So entsteht im Umfeld des eucharistischen Mysteriums der Dienst der Nächstenliebe, die darin besteht, „daß ich auch den Mitmenschen, den ich zunächst gar nicht mag oder nicht einmal kenne, von Gott her liebe. Das ist nur möglich aus der inneren Begegnung mit Gott heraus, die Willensgemeinschaft geworden ist und bis ins Gefühl hineinreicht. Dann lerne ich, diesen anderen nicht mehr nur mit meinen Augen und Gefühlen anzusehen, sondern aus der Perspektive Jesu Christi heraus".[240] Auf diese Weise erken-

---

[240] BENEDIKT XVI., Enzyklika *Deus caritas est* (25. Dezember 2005), 18: *AAS* 98 (2006), 232.

ne ich in den Menschen, denen ich näherkomme, Brüder und Schwestern, für die der Herr sein Leben hingegeben hat, weil er sie „bis zur Vollendung" (*Joh* 13,1) liebt. Folglich müssen unsere Gemeinden, wenn sie Eucharistie feiern, sich immer bewußter werden, daß das Opfer Christi für alle ist, und die Eucharistie darum jeden Christgläubigen drängt, selbst „gebrochenes Brot" für die anderen zu werden und sich also für eine gerechtere und geschwisterlichere Welt einzusetzen. Wenn wir an die Vermehrung der Brote und der Fische denken, müssen wir erkennen, daß Jesus heute immer noch seine Jünger auffordert, sich persönlich zu engagieren: „Gebt ihr ihnen zu essen!" (*Mt* 14,16). Die Berufung eines jeden von uns ist wirklich die, gemeinsam mit Jesus *gebrochenes Brot für das Leben der Welt* zu werden.

Die sozialen Implikationen
des eucharistischen Mysteriums

89. Die Vereinigung mit Christus, die sich im Sakrament vollzieht, befähigt uns auch zu einer Neuheit der sozialen Beziehungen: „Die ‚Mystik' des Sakraments hat sozialen Charakter ... Die Vereinigung mit Christus ist [nämlich] zugleich eine Vereinigung mit allen anderen, denen er sich schenkt. Ich kann Christus nicht allein für mich haben, ich kann ihm zugehören nur in der Gemeinschaft mit allen, die die Seinigen geworden sind oder werden sollen".[241] In diesem Zusammenhang ist es notwendig, die Beziehung zwischen eucharistischem Mysterium und sozialem Engagement eindeutig auszudrücken. Die Eucharistie ist Sakrament der Gemeinschaft zwischen Brüdern und Schwestern, die bereit sind, sich in Christus zu versöhnen — in ihm, der aus Juden und Heiden ein einziges Volk gemacht hat, indem er die Wand der Feindschaft niederriß, die sie voneinander trennte (vgl. *Eph* 2,14). Nur dieses ständige Streben nach Versöhnung gestattet es, würdig mit dem Leib und dem Blut Christi zu kommunizieren (vgl. *Mt* 5,23-24).[242] Durch die Gedenkfeier seines Opfers stärkt er die Gemeinschaft zwischen den Brüdern und Schwestern und drängt besonders jene, die miteinander im Konflikt sind, ihre Versöhnung zu be-

---

[241] *Ebd.*, Nr. 14.
[242] Nicht ohne innere Erschütterung haben wir während der Synodenversammlung sehr bedeutungsvolle Zeugnisse über die Wirksamkeit des Sakramentes beim Werk der Befriedung gehört. Diesbezüglich heißt es in der *Propositio* 49: „Dank der Eucharistiefeiern konnten sich im Konflikt befindliche Völker um das Wort Gottes versammeln, seine prophetische Verkündigung von der Versöhnung durch ungeschuldete Vergebung hören und die Gnade der Umkehr empfangen, welche die gemeinsame Teilhabe am selben Brot und am selben Kelch gestattet."

schleunigen, indem sie sich dem Dialog und dem Einsatz für die Gerechtigkeit öffnen. Es steht außer Zweifel, daß die Wiederherstellung der Gerechtigkeit, die Versöhnung und die Vergebung Bedingungen zur Schaffung eines wirklichen Friedens sind.[243] Aus diesem Bewußtsein entsteht der Wille, auch die ungerechten Strukturen zu verwandeln, um die Achtung der Würde des Menschen, der nach dem Bilde Gottes geschaffen ist, zu gewährleisten. In der konkreten Entfaltung dieser Verantwortung geschieht es, daß die Eucharistie im Leben das wird, was sie in der Feier bedeutet. Wie ich bereits an anderer Stelle betonte, ist es nicht eigene Aufgabe der Kirche, den politischen Kampf an sich zu reißen, um die möglichst gerechte Gesellschaft zu verwirklichen; trotzdem kann und darf sie im Ringen um Gerechtigkeit auch nicht abseits bleiben. Die Kirche „muß auf dem Weg der Argumentation in das Ringen der Vernunft eintreten, und sie muß die seelischen Kräfte wecken, ohne die Gerechtigkeit, die immer auch Verzichte verlangt, sich nicht durchsetzen und nicht gedeihen kann".[244]

Im Hinblick auf die soziale Verantwortung aller Christen haben die Synodenväter daran erinnert,

---

[243] Vgl. *Propositio* 48.
[244] BENEDIKT XVI., Enzyklika *Deus caritas est* (25. Dezember 2005), 28: *AAS* 98 (2006), 239.

daß das Opfer Christi ein Mysterium der Befreiung ist, das uns fortwährend hinterfragt und herausfordert. Darum richte ich einen Aufruf an alle Gläubigen, wirklich Friedensstifter und Urheber von Gerechtigkeit zu sein: „Wer nämlich an der Eucharistie teilnimmt, muß sich dafür einsetzen, den Frieden herzustellen in unserer Welt, die gezeichnet ist von so viel Gewalt, von Krieg und — besonders heute — von Terrorismus, Wirtschaftskorruption und sexueller Ausbeutung".[245] All das sind Probleme, die ihrerseits weitere erniedrigende Phänomene hervorbringen, die äußerst besorgniserregend sind. Wir wissen, daß diese Situationen nicht oberflächlich angegangen werden können. Gerade kraft des Mysteriums, das wir feiern, müssen die Umstände angeprangert werden, die der Würde des Menschen widersprechen, für den Christus sein Blut vergossen und so den hohen Wert jeder einzelnen Person bekräftigt hat.

Die Speise der Wahrheit und das Elend des Menschen

90. Angesichts gewisser Prozesse der Globalisierung, die nicht selten weltweit den Unterschied zwischen reichen und armen Ländern über alle Maßen anwachsen lassen, dürfen wir nicht tatenlos

---

[245] *Propositio* 48.

bleiben. Wir müssen die anklagen, welche die Reichtümer der Erde verschwenden und dadurch Ungleichheiten hervorrufen, die zum Himmel schreien (vgl. *Jak* 5,4). Es ist zum Beispiel unmöglich, zu schweigen angesichts der „erschütternden Bilder der großen Flüchtlingslager oder einzelner Flüchtlinge, die — in verschiedenen Teilen der Welt — behelfsmäßig aufgenommen werden, um schlimmerem Schicksal zu entrinnen, denen es jedoch an allem mangelt. Sind diese Menschen etwa nicht unsere Brüder und Schwestern? Sind ihre Kinder nicht mit denselben berechtigten Erwartungen von Glück auf die Welt gekommen?"[246] Jesus, der Herr, das Brot des ewigen Lebens, treibt uns an und macht uns aufmerksam auf die Situationen des Elends, in denen sich noch ein großer Teil der Menschheit befindet — Situationen, deren Ursache häufig eine klare und beunruhigende Verantwortung der Menschen einschließt. Tatsächlich kann man „aufgrund verfügbarer statistischer Daten bestätigen, daß weniger als die Hälfte der ungeheuren Summen, die weltweit für Bewaffnung bestimmt sind, mehr als ausreichend wäre, um das unermeßliche Heer der Armen dauerhaft aus dem Elend zu

---

[246] BENEDIKT XVI., *Ansprache an das beim Heiligen Stuhl akkreditierte Diplomatische Korps* (9. Januar 2006): *AAS* 98 (2006), 127.

befreien. Das ist ein Aufruf an das menschliche Gewissen. Den Völkern, die — mehr aufgrund von Situationen, die von internationalen politischen, wirtschaftlichen und kulturellen Beziehungen abhängen, als aufgrund von unkontrollierbaren Umständen — unter der Armutsschwelle leben, kann und muß unser gemeinsames Engagement in der Wahrheit neue Hoffnung geben".[247]

Die Speise der Wahrheit drängt uns, die menschenunwürdigen Situationen anzuprangern, in denen man wegen des von Ungerechtigkeit und Ausbeutung verursachten Nahrungsmangels stirbt, und gibt uns neue Kraft und neuen Mut, ohne Unterlaß am Aufbau der Zivilisation der Liebe zu arbeiten. Von Anfang an waren die Christen darum bemüht, ihre Güter miteinander zu teilen (vgl. *Apg* 4,32) und den Armen zu helfen (vgl. *Röm* 15,26). Die Kollekte, die während der liturgischen Zusammenkünfte eingesammelt wird, ist eine lebendige Erinnerung daran, aber auch eine sehr aktuelle Notwendigkeit. Die kirchlichen Wohlfahrtseinrichtungen, besonders die *Caritas*, versehen auf verschiedenen Ebenen den wertvollen Dienst, Menschen in Not, vor allem den Ärmsten, zu helfen. Indem sie sich von der Eucharistie, dem Sakrament der Liebe, inspirieren lassen, werden sie deren konkreter Aus-

---

[247] *Ebd.*

druck und verdienen darum alles Lob und alle Ermutigung für ihren solidarischen Einsatz in der Welt.

Die Soziallehre der Kirche

91. Das Geheimnis der Eucharistie befähigt und drängt uns zu einem mutigen Einsatz in den Strukturen dieser Welt, um in sie jene Neuheit der Beziehungen hineinzutragen, die im Geschenk Gottes ihre unerschöpfliche Quelle hat. Das Gebet, das wir in jeder heiligen Messe wiederholen: „Unser tägliches Brot gib uns heute", verpflichtet uns, in Zusammenarbeit mit internationalen, staatlichen und privaten Institutionen alles uns Mögliche zu tun, damit in der Welt der Skandal des Hungers und der Unterernährung, worunter viele Millionen Menschen vor allem in den Entwicklungsländern leiden, aufhört oder zumindest abnimmt. Besonders der durch die Schule der Eucharistie geprägte christliche Laie ist berufen, seine politische und soziale Verantwortung direkt wahrzunehmen. Damit er sie in rechter Weise ausüben kann, muß er durch eine konkrete Erziehung zur Liebe und zur Gerechtigkeit vorbereitet werden. Dazu ist nötig — wie die Synode betonte —, daß in den Diözesen und christlichen Gemeinden die Soziallehre der

Kirche bekanntgemacht und gefördert wird.[248] In diesem wertvollen Erbe, das aus der ältesten kirchlichen Überlieferung hervorgeht, finden wir die Elemente, welche das Verhalten der Christen angesichts der brennenden sozialen Fragen mit tiefer Weisheit orientieren. Diese in der gesamten Geschichte der Kirche gereifte Lehre ist durch Realismus und Ausgeglichenheit gekennzeichnet und hilft so, irreführende Kompromisse oder leere Utopien zu vermeiden.

Heiligung der Welt und Bewahrung der Schöpfung

92. Um eine tiefe eucharistische Spiritualität zu entwickeln, die imstande ist, auch das soziale Geflecht bedeutend zu beeinflussen, ist es schließlich notwendig, daß das christliche Volk, das durch die Eucharistie Dank sagt, sich bewußt ist, das im Namen der ganzen Schöpfung zu tun, daß es so die Heiligung der Welt anstrebt und sich intensiv dafür einsetzt.[249] Die Eucharistie selbst wirft ein starkes Licht auf die menschliche Geschichte und auf den gesamten Kosmos. Aus dieser sakramentalen Sicht lernen wir Tag für Tag, daß jedes kirchliche Ereignis den Charakter eines Zeichens besitzt, durch das

---

[248] Vgl. *Propositio* 48. Zu diesem Zweck erweist sich das *Kompendium der Soziallehre der Kirche* als besonders nützlich.
[249] Vgl. *Propositio* 43.

Gott sich selber mitteilt und uns anfragt. Auf diese Weise kann die eucharistische Lebensform in der Art, wie wir die Geschichte und die Welt verstehen, wirklich zu einem echten Mentalitätswandel führen. Die Liturgie selbst erzieht uns zu alldem, wenn der Priester während der Gabenbereitung in bezug auf Brot und Wein — „Frucht der Erde", „des Weinstocks" und der „menschlichen Arbeit" — ein Lob- und Bittgebet an Gott richtet. Mit diesen Worten nimmt der Ritus alles menschliche Tun und Mühen mit in das Gott dargebrachte Opfer hinein und drängt uns darüber hinaus, die Erde als Schöpfung Gottes zu betrachten, die für uns hervorbringt, was wir zum Leben brauchen. Sie ist nicht eine neutrale Wirklichkeit, bloße Materie zum wahllosen Gebrauch nach menschlichem Begehren. Sie hat vielmehr ihren Platz innerhalb des guten Planes Gottes, durch den wir alle berufen sind, Söhne und Töchter in dem einen Sohn Gottes, Jesus Christus, zu sein (vgl. *Eph* 1,4-12). Die berechtigten Sorgen wegen des ökologischen Zustands, in dem sich die Schöpfung in vielen Teilen der Erde befindet, kann Trost schöpfen aus der Perspektive der christlichen Hoffnung, die uns verpflichtet, verantwortlich für die Bewahrung der Schöpfung zu arbeiten.[250] In der Beziehung zwischen der Eucharistie und dem Kos-

---

[250] Vgl. *Propositio* 47.

mos entdecken wir nämlich die Einheit des Planes Gottes und werden dazu geführt, die tiefe Verbindung zwischen der Schöpfung und der „neuen Schöpfung" zu begreifen, die in der Auferstehung Christi, des neuen Adam, ihren Anfang genommen hat. An ihr haben wir dank der Taufe schon jetzt Anteil (vgl. *Kol* 2,12f), und so öffnet sich unserem von der Eucharistie ernährten christlichen Leben die Aussicht auf die neue Welt, den neuen Himmel und die neue Erde, wo das neue Jerusalem von Gott her aus dem Himmel herabkommt, „bereit wie eine Braut, die sich für ihren Mann geschmückt hat" (*Offb* 21,2).

Nützlichkeit eines eucharistischen Kompendiums

93. Am Ende dieser Überlegungen, in denen ich auf die Orientierungen eingehen wollte, die sich in der Synode ergeben haben, möchte ich auch die Bitte aufgreifen, die die Synodenväter vorgetragen haben, um dem christlichen Volk zu helfen, das eucharistische Mysterium immer besser glaubend zu erfassen, es zu feiern und zu leben. Es wird ein von den zuständigen Dikasterien herausgegebenes *Kompendium* veröffentlicht werden, das Texte aus dem Katechismus der Katholischen Kirche, Orationen, Erläuterungen der Eucharistischen Hochgebete aus dem Meßbuch und anderes sammeln wird, das sich für ein rechtes Verständnis sowie für die Feier und die Anbetung des Altarssakramentes als nützlich erweisen kann.[251] Ich wünsche mir, daß dieses Hilfsmittel dazu beitragen kann, daß das Gedächtnis des Pascha des Herrn täglich mehr Quelle und Höhepunkt von Leben und Sendung der Kirche wird. Das wird jeden Gläubigen dazu anregen, aus seinem Leben einen wahren geistigen Gottesdienst zu machen.

[251] Vgl. *Propositio* 17.

SCHLUSS

94. Liebe Brüder und Schwestern, die Eucharistie steht am Ursprung jeder Form von Heiligkeit, und jeder von uns ist zur Fülle des Lebens im Heiligen Geist berufen. Wie viele Heilige haben ihr Leben in sich glaubwürdig gemacht dank ihrer eucharistischen Frömmigkeit! Vom hl. Ignatius von Antiochien bis zum hl. Augustinus, vom hl. Wüstenvater Antonius bis zum hl. Benedikt, vom hl. Franziskus von Assisi bis zum hl. Thomas von Aquin, von der hl. Klara von Assisi bis zur hl. Katharina von Siena, vom hl. Pasquale Baylon bis zum hl. Pier Giugliano Eymard, vom hl. Alfons M. de' Liguori bis zum sel. Charles de Foucauld, vom hl. Johannes Maria Vianney bis zur hl. Theresia von Lisieux, vom hl. Pio von Pietrelcina bis zur seligen Theresa von Kalkutta, vom sel. Piergiorgio Frassati bis zum sel. Ivan Mertz — um nur einige der vielen Namen zu nennen — hat die Heiligkeit ihr Zentrum immer im Sakrament der Eucharistie gefunden.

Darum ist es nötig, daß dieses heiligste Geheimnis in der Kirche wirklich geglaubt, andächtig gefeiert und intensiv gelebt wird. Das Geschenk seiner selbst, das Jesus uns im Sakrament des Gedächtnisses seiner Passion macht, bestätigt uns, daß das Gelingen unseres Lebens in der Teilhabe am trinitarischen Leben liegt, die uns in ihm endgültig und wirkungsvoll dargeboten wird. Die Feier und die Anbetung der Eucharistie ermöglichen, daß wir der Liebe Gottes näherkommen und persönlich in sie einwilligen bis zur Vereinigung mit dem geliebten Herrn. Die Hingabe unseres Lebens, die *Communio* mit der ganzen Gemeinschaft der Gläubigen und die Solidarität mit jedem Menschen sind unumgängliche Aspekte der *„logiké latreía"*, des heiligen und Gott wohlgefälligen geistigen Gottesdienstes (vgl. *Röm* 12,1), in dem unsere ganze konkrete menschliche Wirklichkeit verwandelt wird zur Verherrlichung Gottes. Darum lade ich alle Hirten ein, der Förderung einer authentisch eucharistischen christlichen Spiritualität größte Aufmerksamkeit zu widmen. Die Priester, die Diakone und alle, die ein eucharistisches Amt ausüben, mögen aus diesen mit Sorgfalt und ständiger innerer Vorbereitung verrichteten Dienstleistungen selbst Kraft und Ansporn schöpfen für ihren persönlichen und gemeinschaftlichen Weg der Heiligung. Alle Laien und besonders die Familien fordere ich auf, im Sakrament der Liebe Christi fortwährend die Energie zu finden, das eigene Leben umzugestalten in ein authentisches Zeichen der Gegenwart des auferstandenen Herrn. Alle gottgeweihten Personen bitte ich, mit ihrem eucharistischen Leben den Glanz und die Schönheit zu zeigen, die darin liegen, ganz dem Herrn zu gehören.

95. Zu Beginn des vierten Jahrhunderts war der christliche Gottesdienst von den kaiserlichen Autoritäten noch verboten. Einige Christen aus Nordafrika, die sich zur Feier des Tages des Herrn verpflichtet fühlten, trotzten dem Verbot. Sie wurden hingerichtet, während sie erklärten, daß es ihnen unmöglich sei, ohne die Eucharistie, die Speise des Herrn, zu leben: *Sine dominico non possumus.*[252] Diese Märtyrer von Abitene mögen zusammen mit vielen Heiligen und Seligen, die die Eucharistie zum Zentrum ihres Lebens gemacht haben, fürbittend für uns eintreten und uns die Treue zur Begegnung mit dem auferstandenen Christus lehren. Auch wir können nicht leben, ohne am Sakrament unseres Heiles teilzunehmen, und sehnen uns danach, *iuxta dominicam viventes* zu sein, das heißt, ins Leben zu übersetzen, was wir am Tag des Herrn empfangen. Dieser Tag ist tatsächlich der Tag unserer endgültigen Befreiung. Ist es etwa verwunder-

---

[252] Vgl. *Martyrium Saturnini, Dativi et aliorum plurimorum*, 7, 9, 10: *PL* 8, 707. 709-710.

lich, wenn wir uns wünschen, daß jeder Tag so gelebt werde, wie es der Neuheit entspricht, die von Christus mit dem Geheimnis der Eucharistie eingeführt worden ist?

96. Maria, die unbefleckte Jungfrau, Arche des neuen und ewigen Bundes, begleite uns auf diesem Weg dem Herrn entgegen, der kommt. In ihr finden wir das Wesen der Kirche auf vollkommenste Weise verwirklicht. Die Kirche sieht in ihr, der „eucharistischen Frau" — wie der Diener Gottes, Johannes Paul II., sie genannt hat [253] — die gelungenste Darstellung von sich selbst und betrachtet sie als unersetzliches Vorbild eucharistischen Lebens. Aus diesem Grund bekräftigt der Priester, wenn auf dem Alter der Leib des Herrn — *„verum Corpus natum de Maria Virgine"* — gegenwärtig ist, im Namen der liturgischen Versammlung: „Wir ehren vor allem Maria, die glorreiche, allzeit jungfräuliche Mutter unseres Herrn und Gottes Jesus Christus".[254] Ihr heiliger Name wird auch in den Kanones der östlichen christlichen Traditionen angerufen und verehrt. Die Gläubigen ihrerseits „vertrauen Maria, der Mutter der Kirche,

---

[253] Vgl. JOHANNES PAUL II., Enzyklika *Ecclesia de Eucharistia* (17. April 2003), 53: *AAS* 95 (2003), 469.
[254] *Erstes Eucharistisches Hochgebet* (*Römischer Mess-Kanon*).

ihr Leben und ihre Arbeit an. Indem sie sich bemühen, die gleiche Gesinnung wie Maria zu haben, helfen sie der ganzen Gemeinde, in lebendiger, dem Vater wohlgefälliger Hingabe zu leben".[255] Sie ist die *Tota pulchra*, die ganz Schöne, denn in ihr erstrahlt der Glanz der Herrlichkeit Gottes. Die Schönheit der himmlischen Liturgie, die auch in unseren Versammlungen aufleuchten muß, findet in ihr einen treuen Spiegel. Von ihr müssen wir lernen, selber eucharistische und kirchliche Menschen zu werden, damit auch wir, nach dem Wort des hl. Paulus, „schuldlos" vor den Herrn treten können, so wie er uns von Anfang an haben wollte (vgl. *Kol* 1,21; *Eph* 1,4).[256]

97. Auf die Fürsprache der Allerseligsten Jungfrau Maria entzünde der Heilige Geist in uns dasselbe Feuer, das die Jünger von Emmaus spürten (vgl. *Lk* 24,13-35) und erneuere in unserem Leben das eucharistische Staunen über den Glanz und die Schönheit, die im liturgischen Ritus aufleuchten, der ein wirksames Zeichen der unendlichen Schönheit des heiligen Mysteriums Gottes ist. Jene Jünger erhoben sich und kehrten eilends nach

---

[255] *Propositio* 50.
[256] Vgl. BENEDIKT XVI., *Homilie* (8. Dezember 2005): *AAS* 98 (2006), 15.

Jerusalem zurück, um die Freude mit ihren Brüdern und Schwestern zu teilen. Die wahre Freude besteht nämlich darin, zu erkennen, daß der Herr bei uns bleibt, als unser treuer Weggefährte. Die Eucharistie läßt uns entdecken, daß sich der gestorbene und auferstandene Christus im Mysterium der Kirche, seinem Leib, als unser Zeitgenosse erweist. Von diesem Geheimnis der Liebe sind wir Zeugen geworden. Wünschen wir uns gegenseitig, voller Freude und Verwunderung zur Begegnung mit der heiligen Eucharistie zu gehen, um die Wahrheit des Wortes zu erfahren und zu verkünden, mit dem Jesus sich von seinen Jüngern verabschiedet hat: „Ich bin bei euch alle Tage bis zum Ende der Welt" (*Mt* 28,20).

Gegeben zu Rom, bei Sankt Peter, am 22. Februar, dem Fest der Kathedra Petri, im Jahr 2007, dem zweiten meines Pontifikats.

Benedictus PP XVI

INHALT

EINFÜHRUNG [1]. 3
  Die Speise der Wahrheit [2] 4
  Die Entwicklung des eucharistischen Ritus [3]. . . 6
  Die Bischofssynode und das Jahr der Eucharistie [4] 7
  Der Zweck des vorliegenden Schreibens [5] . . . 9

ERSTER TEIL

EUCHARISTIE, EIN GEHEIMNIS,
AN DAS MAN GLAUBT

Der eucharistische Glaube der Kirche [6] 13
DIE HEILIGSTE DREIFALTIGKEIT UND DIE EUCHARISTIE 15
  Das Brot vom Himmel [7] 15
  Ungeschuldete Gabe der Heiligsten Dreifaltigkeit [8] 16
EUCHARISTIE: JESUS, DAS WAHRE OPFERLAMM . . . 17
  Der neue und ewige Bund im Blut des Lammes [9] 17
  Die Einsetzung der Eucharistie [10] 19
  Figura transit in veritatem [11] 21
DER HEILIGE GEIST UND DIE EUCHARISTIE 23
  Jesus und der Heilige Geist [12] 23
  Heiliger Geist und Eucharistiefeier [13] 25

EUCHARISTIE UND KIRCHE 26
 Eucharistie – Kausalprinzip der Kirche [14] . . . 26
 Eucharistie und kirchliche Communio [15] 28

EUCHARISTIE UND SAKRAMENTE 32
 Die Sakramentalität der Kirche [16] 32

I. EUCHARISTIE UND CHRISTLICHE INITIATION. . . . 33
 Eucharistie, Fülle der christlichen Initiation [17] . . 33
 Die Reihenfolge der Initiations-Sakramente [18] . . 35
 Initiation, kirchliche Gemeinschaft und Familie [19] 36

II. EUCHARISTIE UND SAKRAMENT DER VERSÖHNUNG . 37
 Ihre innere Verbindung [20] 37
 Einige pastorale Anweisungen [21] 39

III. EUCHARISTIE UND KRANKENSALBUNG [22] . . . 42

IV. EUCHARISTIE UND PRIESTERWEIHE 43
 In persona Christi capitis [23] 43
 Eucharistie und priesterlicher Zölibat [24] 46
 Priestermangel und Berufungspastoral [25] 48
 Dankbarkeit und Hoffnung [26] 50

V. EUCHARISTIE UND EHE 52
 Die Eucharistie, ein bräutliches Sakrament [27] . . 52
 Eucharistie und Einzigkeit der Ehe [28] 54
 Eucharistie und Unauflöslichkeit der Ehe [29] . . . 55

EUCHARISTIE UND ESCHATOLOGIE 60
 Eucharistie: Geschenk an den Menschen unterwegs
  [30] 60
 Das eschatologische Mahl [31] 61
 Das Gebet für die Verstorbenen [32] 62

DIE EUCHARISTIE UND DIE JUNGFRAU MARIA [33] . . 63

ZWEITER TEIL
EUCHARISTIE, EIN GEHEIMNIS, DAS MAN FEIERT

Lex orandi und *lex credendi* [34]	67
Schönheit und Liturgie [35]	68

DIE EUCHARISTIEFEIER, EIN WERK DES „CHRISTUS TOTUS"   71
Christus totus in capite et in corpore [36] 71
Eucharistie und der auferstandene Christus [37] . . 72

ARS CELEBRANDI [38]   73
Der Bischof, Liturge schlechthin [39] 74
Die Beachtung der liturgischen Bücher und des Reichtums der Zeichen [40] 76
Kunst im Dienst der Zelebration [41] 77
Der liturgische Gesang [42] 79

DIE STRUKTUR DER EUCHARISTIEFEIER [43]   81
Die innere Einheit der liturgischen Handlung [44] . 82
Der Wortgottesdienst [45] 83
Die Homilie [46] 85
Die Darbringung der Gaben [47] 86
Das eucharistische Hochgebet [48] 87
Der Austausch des Friedensgrußes [49] 89
Austeilung und Empfang der Eucharistie [50] . . 90
Die Entlassung: „*Ite missa est*" [51] 92

ACTUOSA PARTICIPATIO.   93
Authentische Teilnahme [52] 93
Teilnahme und priesterlicher Dienst [53] 95
Eucharistiefeier und Inkulturation [54] 97
Persönliche Bedingungen für eine „*actuosa participatio*" [55] 99
Die Teilnahme nicht katholischer Christen [56] . . 101

Teilnahme über die Kommunikationsmittel [57]	103
„Actuosa participatio" der Kranken [58]	105
Die Aufmerksamkeit gegenüber den Gefangenen [59]	106
Die Migranten und die Teilnahme an der Eucharistie [60]	107
Die großen Konzelebrationen [61]	108
Die lateinische Sprache [62]	109
Eucharistiefeiern in kleinen Gruppen [63]	110

DIE MIT INNERER TEILNAHME ERLEBTE LITURGISCHE FEIER 111
   Mystagogische Katechese [64] 111
   Die Ehrfurcht vor der Eucharistie [65] 115

ANBETUNG UND EUCHARISTISCHE FRÖMMIGKEIT . . . 116
   Die innere Beziehung zwischen liturgischer Feier und Anbetung [66] 116
   Die Praxis der eucharistischen Anbetung [67] . . . 118
   Formen eucharistischer Frömmigkeit [68] 120
   Der Standort des Tabernakels in der Kirche [69] . . 121

DRITTER TEIL

EUCHARISTIE, EIN GEHEIMNIS,
DAS MAN LEBT

EUCHARISTISCHE FORM DES CHRISTLICHEN LEBENS . . 123
   Der geistige Gottesdienst – *logiké latreía* (*Röm* 12,1) [70] 123
   Allumfassende Wirkkraft des eucharistischen Kultes [71] 126
   „Iuxta dominicam viventes" – sonntäglich leben [72] . 127
   Das Sonntagsgebot leben [73] 129
   Der Sinn von Ruhe und Arbeit [74] 131

Sonntägliche Versammlungen in Abwesenheit eines
Priesters [75] 133
Eine eucharistische Form des christlichen Lebens,
die kirchliche Zugehörigkeit [76] 136
Spiritualität und eucharistische Kultur [77] 138
Eucharistie und Evangelisierung der Kultur [78] . . 140
Eucharistie und gläubige Laien [79] 141
Eucharistie und priesterliche Spiritualität [80] . . . 143
Eucharistie und gottgeweihtes Leben [81] 144
Eucharistie und sittliche Verwandlung [82] 146
Eucharistische Konsequenz [83] 148

EUCHARISTIE, EIN MYSTERIUM, DAS VERKÜNDET WERDEN SOLL 149
Eucharistie und Sendung [84] 149
Eucharistie und Zeugnis [85] 151
Christus Jesus, der einzige Retter [86] 153
Religionsfreiheit [87] 154

EUCHARISTIE, EIN MYSTERIUM, DAS DER WELT ANGEBOTEN WERDEN SOLL 155
Eucharistie, gebrochenes Brot für das Leben der
Welt [88] 155
Die sozialen Implikationen des eucharistischen Mysteriums [89] 157
Die Speise der Wahrheit und das Elend des Menschen [90] 160
Die Soziallehre der Kirche [91] 163
Heiligung der Welt und Bewahrung der Schöpfung
[92] 164
Nützlichkeit eines eucharistischen Kompendiums [93] 166

SCHLUSS [94-96] 169

INHALT 175

VATIKANISCHE DRUCKEREI